HARCELÉ

DAMIEN JOUILLEROT

AVEC ANTHONY QUINDROIT

Sous la direction
de Frédéric Veille

City
Témoignage

Retrouvez tous les titres City Éditions :

www.city-editions.com

Photo de couverture : @Laure Veille
ISBN : 978-2-8246-4012-9
Code Hachette : 16 6396 0
Collection dirigée par Christian English et Frédéric Thibaud
Catalogues et manuscrits : city-editions.com

Dépôt légal : Août 2024

Sommaire

PARTIE III

Préface

Je n'ai pas souvent été impliqué dans des événements qui peuvent bouleverser le cours d'une vie.

C'est au début des années 2000 que nos routes se croisèrent, à Damien Jouillerot et moi. Un hasard heureux qui chamboula la vie du jeune garçon qu'il était. Je ne fus, à la vérité, que le déclencheur du changement de trajectoire de son existence et je pense que d'autres événements ou d'autres personnes auraient pu jouer un rôle équivalent, tant il y avait chez Damien d'envie, de talent et d'énergie. J'ai souvent raconté cette rencontre improbable qui nous a liés pour toujours.

En avril 2001, je prépare mon film *Monsieur Batignole* dans le Haut-Doubs. Je loge avec mon super assistant Hervé Ruet dans un petit hôtel, La Maraude, dans ce village un peu perdu de Fournet-Blancheroche. Quand je dis un peu perdu… Je pense même qu'il serait plutôt introuvable… Nous finissons les repérages des différents décors et la neige commence à tomber. Pour un mois d'avril, ce film commence fraîchement… Il est temps de plier les gaules et de rentrer à Paris.

La veille, un petit garçon à la bonne bouille et aux cheveux peroxydés m'a timidement demandé un autographe. Il logeait avec sa sœur, je crois, dans une petite maison à côté de l'hôtel. Nous allons partir quand le petit bonhomme se repointe devant notre voiture. Il nous demande si nous cherchons des figurants ou des comédiens pour le film. Il me faut un petit frère pour le fils de la fermière. J'ai déjà choisi mon fils Arthur pour ce petit rôle et j'ai lancé ma *casting director*, Françoise Ménidrey, sur la piste d'enfants lui ressemblant. Je ne pensais pas chercher un comédien pour ce rôle dans la région. Je le lui dis. Il commence à m'expliquer qu'il écrit des histoires, des bandes dessinées, que ses parents veulent qu'il soit boulanger, que son rêve, c'est faire du cinéma, que… que… je ne me souviens plus de tout ce qu'il me raconte. Bref, une belle embrouille !

Pour m'en débarrasser gentiment, je lui dis que je cherche un petit garçon aux yeux bleus : les siens sont marron. Il répond du tac au tac :

— Je peux mettre des lentilles de contact !

Je le retoque :

— T'as vu tes cheveux décolorés ? Et ton appareil dentaire ? On tourne un film qui se passe en 1942 !

— J'appelle mon orthodontiste et je fais moi-même mes teintures…

À bout d'arguments, je lui balance qu'il a un très fort accent du Jura et que…

— Je peux l'effacer ! Écoutez…

Et il atténue assez bien son accent…

Vraiment à bout d'arguments, je vois qu'un moyen pour me débarrasser de ce môme, pot de colle et néanmoins sympathique :

— On va faire un essai.

La neige tombe de plus en plus. La journée de repérage est foutue, de toute manière.

On revient à l'hôtel. Mon assistant sort la caméra. Je lui donne le texte et je commence à jouer la scène avec lui.

Il y a des petits miracles dans ce métier, surtout avec les enfants. On n'apprend pas à jouer à un enfant. Il joue ou il récite. Et lui, Damien, il est dedans. C'est fragile, il y a encore un accent mais il y a une vérité. Impressionné, je le remercie et je lui assène le terrible :

— On va voir d'autres enfants à Paris. On te donnera des nouvelles.

Dans la voiture du retour vers Paris, Hervé et moi, on parle beaucoup de lui. Je dois dire que son aplomb, sa personnalité et son essai nous ont scotchés.

De retour au bureau, je montre les essais de Damien à ma directrice de casting qui, elle, me fait visionner les siens avec une bonne cinquantaine de jeunes. L'évidence est là. Damien, par son jeu, sa sincérité et sa bouille, se détache haut la main.

Je me souviens encore du coup de téléphone où je lui ai annoncé qu'il était choisi pour ce petit rôle, j'avais demandé à mon assistant de le filmer. Sa surprise, sa joie restent gravées dans ma mémoire.

Sur le tournage, Élisabeth Commelin, qui jouait sa mère s'est prise d'affection pour lui et lui a présenté son agent. Elle l'a un peu materné au départ. Il avait des problèmes de croissance et ce petit handicap l'a fait travailler plus vite : il faisait plus jeune que son âge et il échappait ainsi aux difficultés que la Ddass impose aux jeunes enfants comédiens.

Depuis, grâce à son talent qu'il a su travailler, il tourne beaucoup. Il développe également son autre talent : le dessin. Il publie des bouquins avec un grand sens graphique. Je suis moins fana des dessins qu'il inflige à sa peau… mais bon, je suis un peu vieux con concernant les tatouages.

Préface

Il est désormais un heureux marié et papa de deux enfants. Nous nous croisons souvent avec bonheur. Après *Monsieur Batignole* il y a désormais *Monsieur Jouillerot*.

Heureux hasard, la vie est belle. Parfois…

Gérard Jugnot

Juin 2023

Avant de vous ouvrir la porte...

À l'enfant qui a pris des coups
À celui qu'on trouvait bizarre
Qui ne rentrait pas dans les clous
Et qui souvent baissait le regard
Je voudrais dire
Ça va aller... ça va aller...

À l'enfant parfois insolent
Qui se rebellait face à la vie
Qui tenait tête à ses parents
En se moquant de leur avis
Je voudrais dire
Ça va aller... ça va aller...

À l'enfant qui avait la dalle
À celui qui voulait être quelqu'un

Harcelé

Qui pouvait faire marrer une salle
Avec deux mots et trois fois rien
Je voudrais dire
Ça va aller… ça va aller…

À l'enfant si souvent seul
Qui n'a jamais pensé comme vous
Et qui s'en prenait plein la gueule
Parce que rêver c'est être fou
Je voudrais dire
Ça va aller… ça va aller…

À celui que je suis devenu
Qui vous a mis 500 mètres d'avance
Parce qu'un jour un homme connu
A bien voulu me donner ma chance
Je voudrais dire
Ça a marché… ça a marché !

À tous ceux qui comme moi
Pensaient être moins que rien
N'oubliez pas que parfois
La vie peut vous prendre la main
Et vous dire
Ça va aller… Ça va aller !

Il était un visage...

Lorsque j'apprends la nouvelle, je suis abasourdi. Je connaissais son histoire, je respectais son parcours. C'était un battant. Un survivant. Jonathan Destin. Alors que j'apprends son décès en ce lundi d'août, son visage apparaît déjà dans tous les médias. Celui d'un jeune homme marqué par un acte qui a failli lui coûter la vie quelques années auparavant. C'était en 2011. Il n'avait que 16 ans. Il subissait les railleries, les mesquineries et les agressions permanentes. Alors, un jour, il a tenté de s'immoler par le feu.

Le harcèlement scolaire a alors failli le tuer. Mais il a survécu, Jonathan. Il s'est battu. Et il est devenu une figure de ce que ce fléau peut engendrer : d'immenses souffrances, des drames irréversibles.

Oui, même onze ans plus tard, c'est bien le harcèlement scolaire qui a entraîné la mort de Jonathan.

Et alors que je digère péniblement la nouvelle, que mon esprit et les informations du jour me répètent le tragique de sa disparition, quelque chose en moi se réveille. Je l'avais enfoui, je n'avais pas mis de mots, d'étiquette sur tout ça. Mais l'évidence se fait jour : ce que j'ai vécu, durant l'enfance et l'adolescence, c'était du harcèlement scolaire.

Je n'ai pas pour habitude de me plaindre et encore moins l'envie de me poser en victime. Mais le tragique de ce qui arrivé à Jonathan Destin me secoue trop pour que je me taise. Pour ceux qui souffrent et n'osent pas parler, pour ceux qui, malheureusement, n'ont pas été écoutés, mais aussi pour ceux qui n'ont pas conscience des dégâts qu'ils peuvent causer chez autrui, il faut témoigner : je m'appelle Damien Jouillerot, j'ai 37 ans et j'ai été victime de harcèlement scolaire.

Durant toute ma scolarité, j'ai été le souffre-douleur des autres élèves ; parfois même d'enseignants qui ne se rendaient pas compte des ravages de leurs moqueries sur mon parcours. C'est dans cet esprit que j'ai mis des mots sur mon ressenti après la mort de Jonathan. Un simple post sur Instagram pour hurler : « Plus jamais ça » : « Un jeune homme est mort et je veux lui rendre hommage car il s'est battu pour que nous n'ayons plus honte d'en parler. » Cet hommage n'était qu'une goutte d'eau au milieu des milliers de messages et de réactions que la mort de Jonathan Destin a suscités.

De nombreux messages m'ont été adressés. Des jeunes qui me suivaient me remerciaient de prendre la parole sur ce problème, de montrer que l'on peut surmonter le pire, s'en sortir et trouver sa voie et sa voix... Si je n'ai pas l'audience d'un influenceur, j'ai tout de même la chance d'être suivi sur les réseaux sociaux. Car, alors que je subissais le pire d'un côté durant mon enfance et mon adolescence, je vivais les plus belles choses possibles grâce au cinéma. Je n'étais encore qu'un gamin lorsque des centaines de milliers de Français m'ont vu dans un film qui a changé ma vie : *Monsieur Batignole*. Depuis, je n'ai jamais arrêté de tourner mais aussi d'écrire et de dessiner ; l'art est alors devenu un rempart face à ce que je vivais.

Ce bref mais sincère hommage a donc résonné sur la toile. Il n'avait pas d'autre vocation que celle-ci. Mais il a attiré l'attention d'une journaliste qui connaît un peu mon parcours. Pas celui de l'élève puis du collégien victime, non. Plutôt celui de l'artiste. Rares étaient ceux informés des coups reçus et des humiliations endurées pendant toutes ces années. Par pudeur mais aussi parce que, sans doute inconsciemment, je préférais minimiser tout cela, je ne l'évoquais pas. Après tout, qui suis-je, moi, Damien Jouillerot, pour livrer mon témoignage ? À quoi, à qui cela pourrait-il bien servir ? Eh bien, je le sais maintenant : à environ un million de gamins qui subissent chaque année le harcèlement scolaire. Ces chiffres, glaçants, ont été communiqués quelques semaines avant le décès de Jonathan. L'ampleur du phénomène en a surpris plus d'un. Mais y pense-t-on avant d'y avoir été confronté directement ? Peut-on sentir les signes du changement chez l'enfant ? Les voies et les voix du harcèlement étaient déjà multiples « de mon temps », comme disent les anciens… Elles se sont démultipliées avec le développement d'Internet et la viralité engendrée par des réseaux sociaux qui laissent, à chaque innovation, la majeure partie des parents sur la touche, largués dans des technologies qu'ils ne connaissent pas, des codes qu'ils ne maîtrisent pas.

Je suis moi-même devenu père. Au moment où j'écris ces lignes, mon fils est déjà entré dans l'adolescence. Nous discutons, nous échangeons. Je cherche les signes, crains de les trouver… Peut-être que cela m'aurait aidé si mes parents avaient été mieux sensibilisés à cette problématique. Si eux-mêmes avaient su les drames qui se nouent lorsque les portes des établissements scolaires se referment, que ce soit dans les quartiers populaires ou les zones plus huppées, dans le public comme dans le privé. Aucun secteur n'est épargné, aucun jeune n'est à l'abri.

Voilà donc ce qui m'a animé lorsque la journaliste m'a contacté. J'ai l'habitude d'être sur le devant de la scène, de prendre la parole. C'est mon métier. Mais là, l'exercice n'était pas le même. Comment raconter les épreuves ? Le sac trempé d'urine ? Le fait d'être balancé dans une poubelle ? Les coups et le goût métallique du sang qui se mêlait à celui des larmes que je tentais d'étouffer ? Ma mémoire est une chambre d'adolescent : elle est en bordel. Et je n'avais pas encore commencé à ranger le coin « harcèlement scolaire » lorsque tout m'est revenu en pleine face. J'ai ouvert les vannes et c'est une eau croupie qui s'en est écoulée.

Et de l'eau, il en a coulé sous les ponts depuis. J'ai poursuivi dans le cinéma, avec la chance et le bonheur d'être soutenu et encouragé par quelques anges gardiens, dont Gérard Jugnot qui a toujours répondu « présent ». J'ai d'ailleurs cru à un moment que tout cela, les films, les nominations, la mise en lumière, ferait cesser les attaques. Las ! Elles redoublaient au contraire, comme si chaque ascension magnifique pour le gamin que j'étais devait irrémédiablement être sanctionnée par une chute encore plus brutale.

Comme de nombreuses victimes, j'ai pensé mettre un terme à tout cela. Radicalement. À force d'être dévalorisé, on finit par croire que l'on ne vaut rien ; que tout serait tellement plus facile si... Les données publiées à l'occasion de la promulgation d'une loi renforçant – enfin ! – les peines contre les harceleurs indiquent que 61 % des victimes pensent mettre fin à leurs jours. Comme elles, le suicide, j'y ai pensé aussi. Je l'ai frôlé, presque étreint. Mais je suis là aujourd'hui. Jonathan, lui, n'a pas eu cette chance. Ni la petite Chanel, en 2021, qui a choisi la mort à l'âge où l'on devrait déborder de vie. Ni Marion, disparue en 2013, parce que, harcelée quotidiennement, vivre lui était devenu intolérable.

Aujourd'hui, je dois faire nettoyer tout cela, remettre de l'ordre dans ma tête. Témoigner pour ceux qui ne peuvent plus le faire, pour ceux qui n'ont pas – encore ? – le courage de le faire. Ces quelques pages participeront peut-être à la libération de la parole.

J'avais cette rage de vivre en moi. Si je peux la transmettre à l'une des victimes et éviter rien qu'un seul drame, ce sera une victoire.

Il ne sera pas, ici, question de vengeance ni de revanche. Si des noms sont donnés, ce sera ceux des personnes qui m'ont aidé, pas ceux des bourreaux. D'ailleurs, ceux-là, si je devais les croiser demain, je leur sourirais ! Parce que je suis là où je voulais être désormais et que mon sourire est ma plus belle revanche sur eux.

J'ai fait la paix avec ce passé et avec l'enfant triste que j'étais. J'ai vécu des choses incroyables. Dans le négatif comme dans le positif, je n'ai jamais connu l'électroencéphalogramme plat ! Des violences subies aux rencontres avec les plus grands acteurs, de l'envie de rendre les coups aux coulisses des César, mon enfance comme mon adolescence ont été des montagnes russes émotionnelles. C'est sans doute ce qui m'a sauvé : savoir que je pouvais créer ma propre porte de sortie.

Car le harcèlement scolaire ne doit pas nous condamner, nous, les victimes. Puisse ce livre, racontant les pires moments de ma vie, apporter de l'espoir grâce aux meilleurs.

J'ai la vie qui m'pique les yeux
J'ai mon p'tit cœur qu'est tout bleu

RENAUD, « J'AI LA VIE QUI M'PIQUE LES YEUX » (1979)

PARTIE I

LE GAMIN DE « BATIGNOLES »

1

Une enfance (presque) ordinaire

Je suis né un jour d'automne, le 23 septembre 1985, à Besançon, dans le Doubs. Besac, comme on l'appelle en franc-comtois, est connue pour être la capitale française de l'horlogerie. C'est justement dans ce milieu que mes parents travaillaient. Ils étaient tous deux horlogers lorsque sont nés mon frère aîné en 1974, ma première sœur en 1977 et ma seconde sœur en 1979.

Je suis le petit dernier à arriver dans le foyer installé à Charquemont, à quinze minutes de la frontière Suisse. Charquemont, c'est alors une petite commune de deux mille âmes – pas beaucoup plus depuis – presque toutes tournées vers l'industrie horlogère, comme quasiment l'intégralité du plateau de Maîche.

Si les publicités vantent les montres comme un accessoire de luxe, ma réalité est alors tout autre. Mes parents, mon frère, mes deux sœurs et moi vivons, un peu entassés, dans une HLM. La famille est loin de rouler sur l'or. Je peux même dire que nous vivions chichement. Les factures s'entassaient souvent, quand ce n'était pas les courriers de rappel…

À mes 5 ans, nous déménageons à six kilomètres de cet appartement où j'avais tous mes repères. Pour le reste de ma famille, c'est le début d'une nouvelle vie dans une maison dans laquelle mon père a pratiquement tout fait seul, faute de moyens. Pour moi, c'est un crève-cœur : je suis encore petit mais je ne comprends pas que l'on m'arrache à mes amis. Me voici donc dans ce nouvel univers, si proche et pourtant si loin… Enfin, si loin… Pas pour un gamin déterminé à retrouver ses repères, à savoir les « mamies » qui me gardaient avant que l'on déménage : j'ai repéré, en grimpant le plus haut possible à un arbre de la forêt voisine, que mon ancien village est visible ! Une révélation ! Je vais pouvoir retrouver ces petites dames que j'aime tant et qui me manquent cruellement.

Alors, encore haut comme trois pommes, je décide de partir à travers la campagne et la forêt pour les retrouver, embarquant dans mon périple ma nouvelle voisine, une petite fille à peine plus jeune que moi. Que peut-il nous arriver de mal ? Rien ! Après tout, si je me débrouille bien, ma mère, capable de paniquer si j'ai la moindre minute de retard, ne le saura sans doute jamais. Non, il ne peut rien arriver. À part se perdre. Et c'est ce qui nous arrive. Nous mettons douze ou treize heures pour retrouver le bon chemin et sonner à la porte de l'une de mes mamies de cœur, soulagée de nous voir ! Car, entre-temps, les gendarmes ont été prévenus, un hélicoptère, mobilisé, des recherches, lancées… Un plan Épervier, en somme !

L'épisode est un peu extrême, mais il synthétise en quelque sorte combien ma mère était inquiète pour moi en permanence et ce périple raté n'a rien arrangé. Dans cette commune rurale, où le stade de foot était à trente mètres de la maison, je ne pouvais pas jouer plus de cinq minutes sans lui faire signe alors qu'elle me surveillait depuis la fenêtre de la cuisine.

Peut-être faut-il chercher du côté du passé pour comprendre ce qui l'a rendue si inquiète. Ses origines siciliennes d'abord. Et une enfance compliquée : placée jeune à la Direction départementale des affaires sanitaires et sociales, elle n'a connu que tardivement la chaleur d'un foyer et ne s'est jamais vraiment débarrassée de cette peur de l'abandon. Lorsqu'elle a rencontré mon père, un ancien blouson noir du genre taiseux, son ventre s'est arrondi très vite. Mon frère, David, vivait malheur sur malheur. Au point de tomber très jeune dans l'alcoolisme et de développer un syndrome schizophrénique. Il était la personne la plus gentille du monde, me permettant de regarder quelques matches de foot sur la petite télévision qu'il avait récupérée et installée dans sa chambre. Et quelques heures plus tard, en plein cœur de la nuit, je le retrouvais maintenu au sol par mon père, parce qu'il venait d'essayer de poignarder ma sœur au cours d'une crise… Les hurlements et les meubles qui volaient réveillaient l'enfant que j'étais et j'assistais alors à ces scènes surréalistes dont la soudaineté empêchait les adultes de me préserver.

Pour ma première sœur, Linda, ça n'a pas été simple non plus. Elle est tombée malade, a enchaîné les périodes d'anorexie et de boulimie. Ma seconde sœur, Christelle, était très maternelle avec moi.

Quant à moi, voyant ce qui se jouait et comprenant entre les lignes la douleur que cela représentait pour mes parents, je me faisais discret. Et l'épisode de disparition mis à part, je faisais toujours en sorte de ne pas poser de problème, de m'effacer. Enfant sage, discret, je refusais d'ajouter des galères aux soucis.

Sans le savoir, j'étais résilient. Même lorsque mon grand-père est arrivé chez nous, j'ai fait en sorte de me faire oublier. Le père de mon père n'était pas quelqu'un de très aimant ni de très aimable. Et la maladie d'Alzheimer n'arrangeait pas les choses. J'ai eu peur les premières fois qu'il est entré dans ma chambre en plein milieu de la nuit, me tirant du sommeil en me hurlant dessus pour que je m'habille parce que « les

Allemands débarquent » ! Après quelques réveils tonitruants, on s'habitue…

Ma bouée de sauvetage, c'était le dessin. Très tôt, je me suis tourné vers l'art : dès que je commençais à entendre des cris, dès que je sentais les tensions arriver, je me mettais sur un coin de table pour dessiner. Je m'inventais des histoires, je me créais un monde totalement fantasmé. J'adorais ça. Dans ces moments rien qu'à moi, je jetais un voile sur notre condition et sur l'image de « cassos » que nous pouvions avoir dans ce petit village de quatre cents habitants où tout le monde savait bien ce qui se passait chez les Jouillerot. Ce ne sont pas les adultes qui nous jugeaient, en tout cas, pas en face ; au contraire, mes parents avaient réussi à s'intégrer dans la vie de la commune et n'hésitaient jamais à venir en aide aux autres, même si la vie n'était pas facile chez nous.

Non, c'étaient les autres enfants qui rabaissaient « le Petit Gibus », comme les potes de mon frère m'avaient surnommé, en référence au célèbre film *La Guerre des boutons*. C'était sympa comme surnom. Mais, pour les autres, j'étais « le petit pouilleux du village ». Celui qui portait les vêtements qui avaient appartenu d'abord à son frère avant d'être portés par ses deux sœurs. Celui qui n'avait pas les baskets de marque. Celui chez qui les huissiers venaient parfois pour cause de factures impayées. On n'avait pas d'argent, pas toujours de quoi remplir le frigo, mais on se débrouillait. « Allez, ce soir, on se fait un petit déjeuner ! » tentait de dédramatiser ma mère, lorsque nos dîners se transformaient en pain beurré trempé dans du café… Ma mère, avec rien, faisait beaucoup. Mon père se sacrifiait. Ils ne nous disaient pas qu'ils nous aimaient, mais si je me fie aux gestes et à tout ce qu'ils faisaient pour nous, ils nous aimaient beaucoup.

La vie n'est pas un long fleuve tranquille… Et s'il y a bien un endroit où je ne trouve pas de répit, c'est l'école. Je déteste ça. Je me planque, c'est l'angoisse totale. J'aime apprendre mais je ne suis pas bon, pas à ma place. Je n'ai pas les codes, pas la méthode, je ne sais pas comment répondre aux exigences des enseignants… Et je n'ai presque pas de copains. Si ce n'est Grégory, Dorian et Julien, les trois seuls qui acceptent de passer du temps avec moi. Et à l'école, il n'y a que Bertrand qui vient me parler. Même s'il m'avouera quelques années plus tard que ses parents ne voulaient pas qu'ils traînent avec le petit Jouillerot… Je n'ai pas bonne réputation avec mes mauvaises notes. Puis, il paraît que je suis un bagarreur. Ce qui est faux. Mais je ne me laisse pas faire, je rends les coups. Je ne provoque pas.

Cette ambiance pas vraiment épanouissante me pose peut-être en victime idéale pour les autres. Et sans doute que, insidieusement, j'accepte ce statut. Comme la douleur est permanente, je ne la ressens plus vraiment. J'accepte mon sort. Mais je sens en moi quelque chose qui me ravage doucement. Une colère sourde qui explose à la fin de la primaire.

Je m'en souviens comme si c'était hier : je suis en CM2, notre professeur nous emmène visiter notre futur collège. Est-ce mon attitude ? Ma réputation qui m'a précédé ? Le coup de pas de chance ? Je ne saurai jamais. Mais deux collégiens décident qu'ils vont me mettre une raclée. J'explose. Et ne leur laisse même pas le temps de porter le premier coup. Je les détruis ! Je ne serai pas éternellement une victime. Je veux être autre chose. Être comme les autres garçons de mon âge.

Tout cela portait pourtant les germes de ce qui allait m'arriver ensuite. Fracasser ces deux collégiens m'a sans doute soulagé sur le moment. Mais un combat de boxe se joue rarement sur un seul round…

2

Une valse à deux temps

Je craignais que la raclée infligée aux petits caïds ne m'attire les foudres des « grands » de cinquième en arrivant au collège. Mais, à la fin de l'été, lorsque je franchis les portes de l'établissement de Maîche, ce ne sont pas les élèves qui me font regretter l'ambiance enfantine de la primaire. Non, ce sont les professeurs.

L'arrivée d'un nouveau Jouillerot n'est pas synonyme de bonne nouvelle pour eux. On m'a à l'œil, on me le fait savoir et sentir. Ils ont connu mon frère, avec lequel ça ne s'est pas très bien passé – doux euphémisme ; ils ont connu ma première sœur, pas la plus tranquille de la famille lorsqu'elle n'est pas avec les parents ; ils ont connu ma deuxième sœur, toujours prompte à défendre le grand frère et à prendre la poudre d'escampette lorsque les enseignants avaient le dos tourné…

Pourtant, on ne peut pas dire que j'impressionne. Du haut de mes 11 ans, je suis encore obligé de lever la tête pour voir les plus jeunes que moi… Et je ne suis pas encore potelé. Je fais… enfant ! On dirait à un enseignant que je rentre en CE2, il ne serait pas surpris. Et pourtant, j'ai redoublé ! Bref, moi, le petit dernier, je suis à peine arrivé que je suis déjà catalogué. Je suis le dernier de la fratrie, pas question de lâcher la bride. D'autant que l'on sait bien que mon niveau n'est pas à la hauteur.

Il faut dire, à ma décharge, que je cumule des troubles de l'attention patents, une audition défaillante à l'oreille gauche qui fait que j'ai du mal à suivre la cadence et des troubles de l'écriture et de l'orthographe que l'on ne catégorise pas encore en « dys » (dyspraxie et dysorthographie). Saupoudrez le tout du sentiment de ne pas être bon à grand-chose et vous avez une bonne entrée en matière pour un collégien un peu gauche. Pourtant, je ne suis pas plus nul qu'un autre. J'ai besoin d'un peu plus d'attention que la moyenne, disons. En CM2, mon enseignant l'avait remarqué. Alors, il m'accordait un peu plus de temps, m'accompagnait dans la réalisation de mes devoirs. Et ça fonctionnait ! Je n'étais pas soudainement devenu le premier de la classe – pour le *remake* de *Will Hunting*, on repassera – mais, au moins, j'apprenais et progressais.

Dans ce nouveau monde, je décroche très vite. Il n'y a que deux matières qui m'épanouissent. L'histoire me plaît énormément. Et l'art plastique, encore plus. Mon imagination déborde durant ces heures hebdomadaires bien trop courtes à mon goût.

Mais je suis un mauvais élève et les professeurs ne manquent pas de me le rappeler. Le cancre que l'on dévalorise devant tout le monde pour asseoir son autorité, c'est moi. Je deviens l'objet des railleries, l'exemple à ne pas suivre. Ça n'aide pas à se faire des copains, tout ça. Alors, peu à peu, je mute : je deviens ce qu'ils me disent voir en moi. De mauvais mais sans histoire, je deviens nul et insolent. Je réponds aux adultes, ça commence à faire rire les autres élèves et j'aime ça. Je me fais remarquer et plus on m'engueule, plus les autres rient ! Ah vous vouliez du Jouillerot « cassos », je vais vous l'offrir sur un plateau de pitreries et de mauvais résultats.

Il n'y a que ma professeur de SVT de l'époque qui voit ce qui se cache sous le vernis du bonnet d'âne. Elle essaie de m'aider du mieux qu'elle peut et de plaider ma cause auprès de ses collègues mais c'est peine perdue : en milieu d'année, mes parents sont convoqués par le directeur. Je suis dans le bureau avec eux. Je regarde mes pieds alors que se joue mon avenir.

— Monsieur Jouillerot, votre fils n'a pas sa place dans un cursus généraliste. Je crois savoir que vous connaissez la section d'enseignement général et professionnel adapté… annonce-t-il.

Oui, mon père connaît la Segpa. C'est la voie que mon frère a dû suivre. L'histoire se répète. Et je n'ai, vraisemblablement pas voix au chapitre.

— Oui, tu vas voir, c'est bien la Segpa Damien ! En plus, ils sont en train de construire un karting, me lance maladroitement mon père.

Quel argument massue ! Moi qui me fiche royalement des engins à moteur – est-ce d'ailleurs en réaction à cet épisode de jeunesse que je n'ai jamais passé mon permis ? –, la perspective de me retrouver avec un bleu de travail, les mains dans le cambouis pour changer un joint de culasse ou une biellette ne me fait pas sauter au plafond. Mais voilà, malgré mes protestations énergiques et pleines de larmes, la Segpa me prend dans ses filets.

— Il ne peut rien faire d'autre. Et, au moins, il fera quelque chose de ses dix doigts, se justifient mes parents.

— Mais si, il sait faire d'autres choses ! Regardez, il dessine !

Ce défenseur inattendu et bienvenu, c'est mon beau-frère. Ricardo, un prénom qui rappelle ses origines italiennes. Côté look, c'est un golgoth. Pas très grand avec son mètre quatre-vingt, mais une masse brune qui en impose. Il a dix ans de plus que ma sœur, travaille comme bijoutier, porte des piercings. Il m'impressionne.

Je passe beaucoup de temps avec lui. Il me pousse à lire, moi qui n'ai pas accès à des livres à la maison.

Il m'invite à réfléchir, à comprendre les mots, à jouer avec eux. Il éduque mes oreilles à coups d'Aznavour, de Ferré, de Piaf, de Reggiani… Grâce aux chansons, il me fait comprendre les règles du français alors que ça ne rentrait pas dans ma tête avec les méthodes traditionnelles.

— Vous le mettez en Segpa, vous le condamnez, assène-t-il à mes parents.

Grâce à lui, mon destin semble prendre une autre voie que celle du garage. Il me dégotte un entretien dans une école privée catholique d'un petit village pas loin du logement qu'il habite avec ma sœur. Mon dossier ne plaide pas en ma faveur. L'encre rouge semble avoir été créée pour que les enseignants barbouillent mes copies apocalyptiques et rédigent des appréciations dévastatrices.

L'histoire me sauve lors de l'entretien avec la directrice de ce nouveau collège. Romulus et Rémus me permettent d'obtenir une dernière chance. La Segpa, ce ne sera pas pour cette fois : je repique ma sixième dans ce nouvel établissement.

Après une année scolaire difficile à tous les niveaux – un drame injuste endeuille notre famille et la maladie de ma sœur Linda prend de l'ampleur –, j'ai peut-être droit à une bouée de sauvetage. On me tend la main. Ça ne peut être que bénéfique. Pas vrai ?

*

Je repique donc dans ce nouveau collège. Vu comme ça, il est plutôt cool, cet établissement. Mais il est réputé pour être plutôt… rigoureux, pour ne pas dire rigoriste. L'Immaculée-Conception, c'est son nom.

Cela va drastiquement changer mon quotidien. J'étais jusqu'ici en pension trois nuits par semaine et il ne sera plus possible financièrement pour mes parents d'assumer cela. Je dois donc faire dix kilomètres matin et soir. Sinon, parfois, je dors chez ma sœur et mon beau-frère qui vivent un peu plus près du groupe scolaire. L'été ne m'a pas profondément changé. Ni physiquement – je fais toujours très « gamin » –, ni scolairement. Je n'ai pas progressé durant les vacances et il faut bien admettre que je n'ai pas beaucoup travaillé non plus sur cette question…

Bref, après une première sixième compliquée avec les professeurs, je suis échaudé par le corps enseignant. Il n'y a qu'avec le prof de biologie, à nouveau, que le contact est bon. Je n'aime pas la matière – franchement, disséquer des grenouilles… – mais lui est cool. C'est un grand gaillard roux qui, sous son air de baba cool, impose le respect. Sa passion pour l'aïkido, qu'il enseigne sur son temps libre dans un club voisin, joue sans doute en sa faveur : dans la classe, personne ne bronche avec lui.

Pourtant, je n'ai quasiment que des lascars dans ma sixième. Et je ne suis pas fait du même bois qu'eux. J'ai un physique de CM1 alors que j'ai redoublé deux fois quand ils commencent à sentir les poussées de testostérone, j'écris des poèmes et je chante du David Charvet quand ils écoutent du rap, j'ai un côté lunaire et campagnard quand eux viennent des quartiers alentour… J'ai 12 ans, je suis le plus vieux mais je ne force pas le respect avec mes lunettes et mes joues rosies qui s'arrondissent. Quand je revois les rares photos d'époque, je me dis qu'il n'y a qu'à montrer ça à un directeur de casting et à un accessoiriste pour qu'ils sachent exactement à quoi ressemble la caricature d'une victime ; un « vicos », comme on commence à me surnommer.

La première fois, c'est à cause d'un regard. Il semblerait que je l'aie regardé de travers ou je ne sais pas quoi. C'est une provocation, c'est sûr, qu'il dit, je le cherche, je « cherche la merde ». Il s'approche. Il me tance. Il me bouscule. Je ne sais pas quoi faire. Je ne comprends pas. Je ne réagis pas, les yeux plantés sur mes pieds, incapable de formuler ne serait-ce qu'un début de dénégation. Les autres ricanent. Lui se sent galvanisé par mon inertie et les encouragements de ses potes. C'est le moment de montrer qu'il en a et qu'il les porte… Le poing part. Pleine bille. La douleur me brûle presque moins que l'humiliation. Je vais traîner un œil au beurre noir pendant plusieurs jours. Les professeurs ne disent rien. Ce sont des histoires de mioches. Ils chahutent… Le mois de septembre n'a pas encore tiré sa révérence que je sais déjà la place qui m'est attribuée : je n'ai pas intérêt à me montrer ni à me faire remarquer.

En même temps, ce n'est pas avec mes fringues que j'attire l'œil. Mon « statut social » s'affiche sur mes joggings sans marque qui dissimulent de moins en moins mes rondeurs.

Malgré tout cela, j'ai un petit succès avec les filles qui apprécient que je sois moins rustre que les autres garçons. Mon petit « truc » artistique leur plaît. Je passe plus de temps avec elles qu'avec les garçons. Alors, forcément, pour les petites frappes, j'ai « changé de bord ». On ne m'épargne aucune insulte homophobe. « Les lazzis, les quolibets », chantait le grand Charles Aznavour… Je ne suis pas gay. Chacun fait bien ce qu'il veut et je ne cherche même pas à démentir ! À quoi bon ? Les rares fois où j'essaie, les gars se déchaînent encore plus et les moqueries repartent de plus belle, accompagnées de bousculades. Les profs ? Toujours aux abonnés absents. Quant à ma famille… Il y a suffisamment de problèmes à la maison pour que je n'en rajoute pas une couche.

L'hiver arrive. Comme chaque année dans cette petite Sibérie, il est rude. Manque de bol, je fais une mauvaise chute et me casse la jambe. Plâtré, je retourne en cours, mes parents et ma sœur s'organisant tant bien que mal pour gérer les trajets malgré leurs obligations respectives. Je sais d'avance que ma mésaventure va être l'objet de nouvelles gausseries. Je commence à être habitué malgré moi. Mais c'est pire que ce que j'imaginais.

D'abord, ils se moquent. Ça, je pouvais le prédire. Puis on me chahute un peu. Ils trouvent ça marrant. Je manque de tomber plusieurs fois. Mais ça n'est pas assez drôle pour eux. Le Jouillerot avec ses béquilles peut sûrement les amuser plus que ça encore. J'arrive péniblement au quatrième étage du bâtiment B du collège. Ils sont là, ils se marrent déjà. Je ne veux pas les voir, pas les regarder. Ça ne suffit pas : l'un d'eux surgit par surprise et me donne un violent coup d'épaule. Je pars à la renverse et dévale lourdement les marches. Ils rigolent comme des hyènes. Je ne sais pas comment mais, quelques contusions mises à part, je n'ai rien de grave et ma jambe dans le plâtre n'a pas été touchée. Mais, pour la première fois, j'ai peur. Une vraie frayeur.

Les cauchemars deviennent des terreurs nocturnes. Tétanisé et affolé, je prends mon courage à deux mains pour en parler à mes parents. Ma mère veut aller voir le directeur. Mon père, lui, choisit une autre voie. Et, sans que j'en sois informé, je le vois débarquer à la sortie des classes. Il a son cuir élimé sur les épaules et un regard mauvais dont je m'inspirerai plus tard dans mes rôles de méchant. Il chope le gamin qui m'a poussé et lui passe le savon de sa vie.

C'est la première et la dernière fois que mon paternel prendra ma défense. Et c'est efficace. Cet ado-là ne m'ennuiera plus par la suite… Mais les autres…

— Alors, Jouillerot, on doit appeler son papa pour se défendre ? Tu vas faire quoi, là ? Le gros bébé qui va pleurer dans les jupes de sa maman ?

J'avais peur. Maintenant, j'ai honte. Je sais que mon père pensait bien faire, pourtant, c'est l'effet inverse qui se produit.

Pour tenter d'acheter la paix sociale, je vole des clopes à ma sœur et je les distribue. Et comme ce sont les périodes des premiers émois et que, tout de même, ils veulent séduire, je mets à disposition mes talents de poète adolescent. Une lettre pour Clémentine par-ci, une poésie pour Charlotte par-là… Mon salaire, c'est quelques jours sans prendre une patate ! Je ne cherche même plus à lutter quand on me taxe l'argent du goûter. Je deviens une victime consentante. Mon esprit a fait un pas de côté et accepte sans broncher tout ce qu'ils m'imposent.

Ma seule échappatoire, le seul moment où ma peau de souffre-douleur reste en coulisses, c'est quelques heures le mercredi : j'ai découvert le théâtre amateur. C'est ma bulle de respiration, le moment où « Jouillerot le cassos » devient Sganarelle ou Don Juan, Harpagon ou M. Lepic. Cherchant l'ombre 165 heures par semaine, je me jette dans la lumière pendant 180 minutes ces jours-là. Cela devient ma force. Ce sera aussi ma faille.

3

Dans ma bulle

Ah, la découverte du théâtre ! Pour moi qui, jusqu'alors, n'avais vraiment le sentiment d'être à ma place nulle part, voilà que, sur cette petite scène dans cette petite salle municipale devant cette grande femme très élégante, j'ai l'impression d'être là où je dois être.

La rencontre avec ce qui va devenir une passion et me révéler est pourtant fortuite au début de ma deuxième année de sixième. C'est à cause de – non, pardon grâce à – Jonathan, un copain du voisinage, que je me retrouve embarqué dans l'aventure.

— Mes parents m'ont inscrit mais ça me soûle, me lâche-t-il un mercredi matin. Vas-y à ma place, faut que quelqu'un me remplace, sinon je vais me faire engueuler…

Je ne sais pas trop ce que sont les cours de Mme Rochat. Lui n'y est allé qu'une fois et m'explique juste qu'il y aura un petit spectacle en fin d'année. C'est gratuit, donc à la portée du budget familial. Je me pointe timidement au local qui accueille les répétitions.

Mme Rochat est surprise de me voir débarquer à la place de Jonathan. Elle ne me connaît pour ainsi dire pas. Chez les Jouillerot, on ne fréquente pas assidûment les espaces culturels de la région.

— Bon, puisque tu es là, montre-nous ce que tu sais faire. Fais-nous un truc sur scène, me lance la professeure bénévole, que l'on sent désabusée par les défections régulières.

Je ne me démonte pas, monte sur la petite scène de Frambouhans qui accueille les lotos et autres discours municipaux le reste du temps et improvise… une dispute entre un mari et sa femme ! Les rapports conflictuels entre mon beau-frère et ma sœur m'ont sans doute inspiré. Mme Rochat sourit franchement. Ma prestation l'a convaincue.

— Reviens la semaine prochaine, me dit-elle à la fin de ce cours.

Ce n'est pas une demande, c'est une injonction à laquelle je n'ai pas envie de me soustraire.

J'y retourne, semaine après semaine. Plus j'y vais, plus j'ai envie d'y aller. Incapable de retenir le théorème de Pythagore ou la règle de l'accord du participe passé, j'apprends mes tirades avec une facilité et un naturel surprenants. Je me sens même suffisamment à l'aise pour faire des propositions sur la manière de jouer mon personnage ou de nuancer les autres.

Mme Rochat me donne de l'espace. Elle croit en moi.

— Tu es instinctif, me complimente-t-elle un jour.

Pour la première fois de ma vie, je comprends tout et très vite. S'il ne supplante pas le dessin, le théâtre devient une nouvelle passion. De 14 heures à 17 heures, le mercredi, le Damien effacé et vicos devient le Damien intégré et meneur. Je me sens comme le gamin du film *Cody Banks, agent secret*, sauf que je ne suis pas agent de la CIA mais comédien dans une troupe amateur.

Je n'ai pas peur du ridicule. Je l'aime même, cette impression. C'est d'ailleurs l'une des qualités premières d'un comédien que de ne pas le craindre.

Le petit groupe répète une pièce écrite par notre metteuse en scène intitulée *Madame, Monsieur*, et des extraits de Feydeau. Je suggère aussi que l'on travaille des textes de Raymond Devos, ce qui est accepté par notre cheffe. Et je chante, dès que j'en ai l'occasion. Ce n'est pas du grand art mais c'est plutôt juste, me dit-on. Je suis tellement dedans que lorsque les autres comédiens commencent à déserter, remettant en péril l'équilibre de l'activité, je prends le taureau par les cornes et me mets en tête de les remobiliser. Impossible, dans mon esprit, de laisser tomber Mme Rochat. Je ne veux pas la décevoir et je ne peux entendre que le spectacle de fin d'année est en péril si mes partenaires de jeu ne se ressaisissent pas.

Je prends donc mon vélo et mon courage à deux mains pour aller voir tout le monde. Si au collège je baisse les yeux, là, je relève le gant pour la cause ! Et ça marche ! Non seulement, les autres reviennent, mais en plus nous nous soudons, telle une vraie troupe ! Je prends les atours d'un leader, ce qui ne m'est jamais arrivé auparavant.

Lorsque le spectacle de fin de saison arrive, la salle est pleine. Une centaine de personnes, facile. C'est l'animation du mois et c'est gratuit, on ne va pas se priver !

Devant les spectateurs, je suis galvanisé par les rires et les réactions enthousiastes. Je prends conscience que, sur scène, j'ai un pouvoir. Je découvre une peur différente que mes angoisses habituelles : mains moites, gorge sèche… Le trac m'étreint pour la première fois, sensation sublime que celle de se jeter dans l'arène, sans filet.

Puis il y a un regard qui, plus que les autres, m'émeut. Celui de mon père, à l'issue de cette représentation. Jusqu'alors, il ne s'était pas intéressé plus que ça à ma lubie du mercredi. Là, je sens la fierté de mon paternel.

Dans ces moments-là, j'étais heureux, j'étais bien. J'étais moi. J'avais du charisme. Ma place était déjà faite, je n'avais pas à lutter pour me défendre. Dommage que cette aura ne m'ait pas entouré les autres jours. Peut-être aurait-il fallu qu'il y ait des cours de théâtre au collège pour que l'on m'y accorde un minimum de respect également…

4

Plus à ma place

L'été entre ma (deuxième) sixième et ma cinquième s'apparente à une bulle de respiration. Nous ne faisons rien de spécial mais j'ai du temps, loin des autres, pour m'évader. Je dessine, j'écris, je me rejoue des scènes de ce théâtre dont je suis désormais mordu. Ça me manque. Et je suis pris entre l'envie de voir septembre revenir vite pour retrouver cette idylle artistique et l'appréhension d'une rentrée scolaire que je sais d'avance chaotique.

Pas le choix, je dois prendre les deux. Et si les retrouvailles avec les planches provoquent une joie incommensurable, celles avec la cour de récréation du collège me sont moins favorables. Très vite, l'ambiance vire à l'aigre. Mais j'arrête de lutter. J'accepte mon statut de victime. Après tout, comme le disent les professeurs auxquels je tente encore de me raccrocher, « si tout le monde en a vraiment après toi, c'est peut-être aussi un peu ta faute, non ? ». Ils sont adultes, ils doivent avoir raison.

Sans doute que quelque chose déplaît chez moi. C'est pour ça qu'ils ne m'aiment pas, qu'ils se moquent, qu'ils m'exploitent, qu'ils m'agressent. Qu'ils me frappent. Si la vie répartit les gens en plusieurs catégories, je suis dans celle des victimes et je n'ai pas mon mot à dire. Alors, je l'assume. Même les nouveaux sont au parfum. Le Jouillerot, c'est celui sur lequel tu peux te faire les poings. Dans la semaine qui suit la rentrée, j'en fais l'amer constat. Il débarque sans crier gare. Je ne connais pas sa tête, il n'était pas là l'année dernière. D'abord, il me pousse. Je ne réagis pas, ou mollement. J'ai déjà compris en voyant sa tête : je vais en prendre une. Je suis devenu un rite de passage. Tu veux être accepté ? Tu vois l'autre, là-bas ? Eh bien, tu te le fais… « L'autre », c'est moi. Et c'est en cours de sport que ça se passe. Il vient me casser la gueule.

Ne réagis pas, Damien, ne réagis pas… Puis, dans un sursaut d'orgueil, je choisis de ne pas me laisser faire. Je me rebiffe, lui balance un crochet venu du fond de mes tripes et le sèche net. Silence. Stupéfaction. Je me prends à croire à nouveau que cette rébellion en *live* va *a minima* m'offrir un temps de répit, voire m'extraire de ma posture victimaire.

Compte là-dessus et bois de l'eau fraîche… Dès le lendemain, ils m'attendent. Ils n'ont pas apprécié ce que j'ai fait au membre de leur caste, celle des dominants. Je suis une proie, je dois me comporter comme telle. Ils me le font comprendre. Un traquenard. Je prends cher. Très cher. Lui, que j'ai étalé la veille, jubile de les voir me rosser.

J'ai mal. Je saigne. La boucle d'oreille que je porte alors – ne riez pas, c'était la mode ! – est arrachée. La pression monte en moi. Elle finit par exploser. Je passe en quelques secondes de 0 à 100. Mais je ne fais rien. J'ai peur. De ce qu'ils me feront ensuite si je me rebiffe à nouveau. Et peur de sortir de ma réserve. De ne plus pouvoir arrêter ma furie. Je pourrais en tuer un là, maintenant, tellement j'ai de haine en moi. Et je sais que si je me mets à en frapper un, je ne m'arrêterai plus. Je sens cette violence sourdre de plus en plus fort et chaque coup remplit mon réservoir de haine. *Victime. Victime. Victime.* Les mots s'impriment au fer rouge dans mon esprit.

Une bagarre générale. J'ai été pris dans une bagarre générale. Voilà ce que j'explique à mes parents. Ce n'est rien, des trucs de gosse, va te laver les mains et viens manger… On passe à autre chose. Ça arrive, ces trucs-là.

J'en parle quand même à mon beau-frère. Je passe de plus en plus de temps chez ma sœur et lui. Il m'impressionne de plus en plus. Je grandis et découvre son parcours d'ancien braqueur, d'ancien toxico. Il a toujours des attributs de cette époque révolue. Et il a cette violence en lui. Dans sa manière de parler. Dans sa façon de réagir. Je sais qu'il m'aime bien, mais j'en fais parfois les frais. Quelques tartes, parce que je ne fais pas quelque chose qu'il m'a demandé comme il faut. Ses accès de violence me semblent réservés. Il n'a, vraisemblablement, jamais été violent physiquement avec ma sœur ou ses enfants. À croire que je suis un aimant à roustes. Et à humiliations. Comme cette fois où, pour une banale histoire de vaisselle cassée, je termine la tête la première dans la poubelle de la cuisine pour récupérer un morceau de couteau avec les dents… Le tout sous les yeux mortifiés de mes parents qui ne réagissent que par un silence bienséant. C'est que j'ai dû le mériter, alors, si même mes parents ne disent rien.

Bref, appelons ça un syndrome de Stockholm ou que sais-je, mais ce gars de vingt ans de plus que moi, je l'adore. Car il est capable du meilleur aussi pour moi. Il me sait fan de *Titeuf*. Il m'embarque un samedi par surprise, direction la Suisse où Zep, l'auteur, est en dédicace. Il connaît ma passion pour le théâtre, il me pousse vers une culture à laquelle je n'avais pas accès. Il sait que j'aime écrire, il décrasse mes esgourdes à grand renfort de chanson française au lexique enrichissant. Alors j'accepte de payer mon tribut : j'apprends des choses à son contact, je ris avec lui, mais, de temps en temps, ça vrille. Un coup, c'est sa ranger qui appuie sur mon crâne parce que je ne comprends pas ce qu'il tente de m'expliquer et qu'il perd patience, la fois suivante, c'est un Damien plaqué au mur parce que le tapis de bain est mouillé... Et l'instant d'après, on dévore ensemble un documentaire sur l'Égypte ! Je n'oublie pas non plus que c'est grâce à lui que je n'ai pas basculé vers la Segpa.

Je sais bien, à ce moment-là, que je n'ai pas l'enfance la plus chouette du monde. Je ne m'imagine pas que c'est le quotidien des autres. On ne parle pas encore de résilience à l'époque, mais c'est pourtant ça. Je prends les quelques bons moments et encaisse les autres. Sans le savoir, je suis stoïcien. Ça aide à passer une année merdique : j'ai totalement décroché à l'école.

Deux semaines avant la fin des cours, mes parents sont convoqués. J'ai réussi à échapper à la voie professionnelle une première fois, je ne vais pas avoir de nouvelle chance. La directrice du collège parle avec mes parents d'une maison familiale : deux semaines de cours, deux semaines d'apprentissage. C'est bien « pour les enfants comme lui ». Je ne comprends pas, c'est quoi un enfant comme moi ? Expliquez-moi ! Un enfant qui risque de se faire lyncher dès que les surveillants ont le dos tourné ? Un enfant que les enseignants lâchent parce que « c'est peut-être aussi un peu à cause de toi, non ? » ? Allez, j'abandonne. Va pour la Clipa, la classe d'initiation préprofessionnelle en alternance.

Ce que je veux faire, je n'en sais rien. Tu veux que je sois boulanger, papa ? Parce que j'aime bien le pain et les gâteaux. OK, papa, je vais être boulanger. Moi, ce que je veux, c'est du théâtre et des grandes feuilles blanches, mais *a priori*, ça ne fait pas un métier, donc, si tout le monde s'en fout…

Quelques jours plus tard, je vais, avec mon père, visiter ce qui sera mon nouvel établissement. Les gars clopent dans la cour, il y a du dur au crâne rasé. Mon allure juvénile me servira pour le cinéma – dans *Les Fautes d'orthographe*, j'ai 18 ans – mais, ici, elle fait déjà tache. Je me sens encore moins serein quand le directeur nous explique : « Ici, on récupère souvent des gamins qui ont eu des problèmes avec la justice. » Pour la première fois de ma vie, je m'en veux de ne pas avoir bossé un peu plus, ce qui m'aurait permis de rester dans une filière générale. En subissant, d'accord. Mais, en ayant au moins un refuge. Là, je le perds. Car je découvre que mon nouvel emploi du temps ne me permet pas de continuer le théâtre. Rideau.

5

Plus violent que les coups

Durant l'été 2000, je n'ai pas encore 15 ans. Et durant cet été-là, comme ceux qui l'ont précédé, il ne se passe rien de notable dans ma vie. Nous ne partons pas, je m'occupe comme je peux, entamant, au passage, un traitement hormonal pour me faire grandir : des piqûres quotidiennes qui, m'assure le médecin, effaceront bientôt mes traits poupons et devraient bien finir par me faire dépasser mon mètre cinquante, à peine. Cela devrait également accompagner ma mue, ma voix étant encore fluette…

Le dessin et l'écriture demeurent mes béquilles.

Ah, si ! J'ai trouvé un maître de stage pour cet avenir qui ne m'enchante pas mais auquel je ne peux plus échapper. C'est un boulanger, celui du village de mon enfance où l'on allait acheter le pain. Avant d'arriver chez lui, je fais un stage chez un pâtissier et c'est… compliqué, dirait-on par pur euphémisme. Les métiers de bouche ne sont pas, par nature, très simples. Il y a une exigence, des méthodes, un tempérament bien souvent. Disons que celui-ci en a beaucoup, de tempérament. Il me parle mal, me tance sans arrêt. Je ne vais pas assez vite, je ne fais pas assez bien, je suis trop ceci, pas assez cela… C'est le festival des reproches, des insultes et des menaces. Après l'école, le milieu professionnel semble également vouloir me cracher mon inaptitude à la gueule. Ma fragilité ne s'en trouve pas amoindrie.

Mais la mauvaise expérience ne dure pas et j'enchaîne avec cet autre patron dès septembre. C'est costaud. On me dépose à 6 heures car le chef me récupère durant sa tournée matinale ; l'hiver, c'est 4 heures, car il faut couper le bois pour les fours. Cela ressemble un peu à un mauvais Dickens mais clairement, on n'est pas dans l'esprit bien-être au travail et bienveillance patronale. Le moindre croissant avalé est déduit de mon indemnité de stage. Et pas question de se plaindre, c'est le métier qui rentre. Mon père qui, dans un monde idéal, se rêvait boucher est ravi que je me frotte à ces métiers de bouche qu'il estime, sans doute à raison. Sauf que je suis un rêveur, un poète. Et si j'ai beaucoup de respect pour les boulangers, je n'ai pas ça en moi. Surtout pas dans les conditions qui me sont alors imposées.

Le seul aspect positif, c'est qu'à 13 heures, 14 heures, après sept ou huit heures non-stop, ma journée de boulot est terminée. Je file rapidement chez moi et peux alors passer des heures à avaler des films. Tout y passe, des classiques du film d'action aux films un peu plus difficiles d'accès qui me laissent parfois perplexes. Mais j'ai cette frénésie de découverte devant ce qui est pour moi un nouveau langage artistique. Je ne mets pas de mots sur ce que je vois, mais je capte des ressentis devant des scènes, des lumières, une photo. J'ai l'impression de saisir rapidement le sens d'un plan, les intentions du réalisateur. Durant ces heures, scotché au magnétoscope – le DVD n'est pas encore arrivé chez moi –, je m'évade. Je m'imagine en Bruce Willis sauvant New York d'une énième attaque de Simon ; je suis le Batman gothique de Tim Burton séduisant Catwoman ; je rigole en découvrant Obélix incarné par Depardieu, sans savoir que je jouerai à ses côtés quelques années plus tard ! Les requins de *Peur bleue* me font plus rire que frémir et James Bond a d'abord pour moi les traits de Pierce Brosnan. Bref, ces mondes fantasmés sont, avec le dessin et l'écriture, mes précieux alliés face à une réalité plus prosaïque.

Car, quand je ne suis pas à la boulangerie, je suis dans ma Clipa. Et, quitte à y aller à reculons le premier jour, autant en plus se faire bien remarquer : je débarque avec le bras dans le plâtre et une minerve après un accident de voiture stupide avec ma sœur. Je me présente donc sous mon meilleur jour, en mode petit rondouillard fragile, dans ce milieu qui suinte la testostérone.

Mais, pour être honnête, mes premières appréhensions sont vite balayées. Si je reste très discret sur les piqûres matinales, que je fonce réaliser à l'abri des regards dès potron-minet, les premiers jours sont même plutôt cool ! Je sympathise avec un gars, on se trouve quelques points communs, notamment avec des familles pas mal remuées ; l'internat dont je me faisais une montagne n'est pas si hostile, et les trois autres gars ne font pas attention à ma présence dans cette chambre suffisamment grande pour quatre. Oui, je m'en faisais une montagne et, finalement, je commence à me dire que je pourrais peut-être m'y plaire. Ces types ont du vécu, ils ont sans doute autre chose à faire que de se la jouer gros durs.

C'est ce que je croyais. Je n'avais pas capté le round d'observation. Une fois que tout le monde a eu quelques jours pour déterminer qui était quoi dans la chaîne alimentaire, la hiérarchie se met en place. Et, fatalement, je ne suis pas devenu un carnassier entretemps. Le pote d'hier choisit son camp : il ne sera pas du côté de la victime. Trop bête pour me méfier, je lui ai raconté que j'aimais écrire des poèmes. C'est la porte d'entrée pour me blesser. Mes textes disparaissent et sont dispersés dans le bâtiment. La trêve fut brève. Elle est terminée.

— Alors Jouillerot, t'as fini d'écrire à ton amoureux ?

J'écris des poèmes, c'est forcément que je ne suis pas hétéro. Je ne suis pas un mâle, comme eux. Il y a des relents aigres d'homophobie dans tout cela. Et de grossophobie. La machine a été plus lente à se mettre en route qu'au collège, mais maintenant qu'elle est lancée, elle est implacable. D'autant que, comme les cours sont hyper-simples, mes résultats progressent ! Alors, non seulement je suis attaqué sur mon physique et mes goûts culturels mais je deviens aussi le petit fayot car je suis le moins mauvais des nuls !

Au moins, pendant mes périodes de stage, même si le patron est un rude, je suis avec des gens adultes et professionnels. Ça ne rigole pas tous les jours, c'est sûr, mais personne ne cherche à m'écraser.

À la Clipa, j'ai intérêt à faire profil bas. À m'effacer. Mon passé de victime ressurgit lorsqu'un nouveau arrive quelques semaines après le début des cours. C'est un ancien de mon précédent établissement et il saisit tout de suite les codes ; beaucoup mieux que moi. Il ne faisait pas vraiment partie de la meute l'année d'avant mais il capte que s'il ne veut pas être à ma place, il doit être dans l'autre camp. Il devient l'une des têtes de l'hydre, presque la plus virulente. Celle qui va me poursuivre jusqu'à l'extérieur de l'établissement, dans mon quotidien.

— Eh, Damien, t'as pas une clope ?

Je ne fume pas, il le sait, mais ça l'amuse de me mettre mal à l'aise lorsqu'il me croise avec mes parents le week-end, ce qui me vaut quelques engueulades :

— Il ne t'a pas demandé des cigarettes pour rien ! s'énerve ma mère.

Les brimades s'enchaînent, ponctuées de quelques ruades viriles qui remettent les côtes en place et dont tout le monde se moque complètement. Mais les vacheries verbales et les coups, j'ai l'habitude. Ça, ce qui arrive ensuite, en revanche…

*

C'est un matin de milieu de semaine. Comme d'habitude, j'ai foncé vers la cuisine de la cantine où sont conservées au frais mes seringues pour mes piqûres quotidiennes d'hormones. Sur ce dossier, j'ai réussi à me faire discret. Pas besoin de donner du grain à moudre supplémentaire à mes harceleurs. Je devine que ces histoires de piquouze feraient un excellent sujet de moquerie. Heureusement, le secret n'a pas été éventé et personne n'a remarqué ma discrète routine.

Pendant que les autres commencent leur petit déjeuner, je fonce sous la douche. Il n'y a personne ou presque. Je préfère ça. Les douches collectives, très peu pour moi. Je suis complexé par ma taille, par mon poids. Les rares fois où je me suis retrouvé plongé au milieu des autres, j'ai été la risée des pensionnaires.

Du coup, je me lave en décalé, sautant le début du service du petit déjeuner que j'engloutis ensuite avant de remonter faire mon lit. Il y a, dans cette routine matinale quasi militaire, une rigueur que je trouve apaisante. Je la sais immuable et sans surprise les semaines où je suis en cours.

Sans surprise… Ce matin-là, donc, je reviens de la douche. Mes cheveux sont encore un peu humides. La chambrée est déserte. Comme toujours l'un des lits est déjà fait, habitude prise par l'un des pensionnaires de remettre sa couche au carré dès qu'il a le pied au sol. Tout paraît presque comme à l'accoutumée.

Sauf que ma valise n'est pas là où elle devrait être. Je n'ai pas souvenir de l'avoir sortie du placard avant d'aller dans la salle d'eau. Pourtant, elle est là, à côté de mon lit, par terre. Ouverte, elle offre à tous les regards les affaires que, par fainéantise, je laisse dedans plutôt que de les ranger proprement dans le placard. Je flaire le problème. D'abord au sens figuré. Puis au sens propre. Une odeur d'ammoniaque se dégage de mon paquetage à mesure que je m'en rapproche. Je sens. Je sais. Pas besoin d'être devin. Pourtant, une partie de mon esprit ne peut y croire. Ils n'ont pas pu faire ça. Le polo gris clair posé dessus est bien plus sombre que d'habitude.

Une tache jaunâtre s'est formée sur un tee-shirt blanc. J'attrape la fringue, elle est trempée.

J'ai un haut-le-cœur. De l'urine. Il a pissé sur ma valise. Dans ma valise. Ou peut-être « ils ont pissé ». Je reste quelques secondes hébété. Je ne me souviens même pas si je pleure ou si je pense à pleurer. Les animaux marquent leur territoire en urinant à des endroits stratégiques. Là, j'imagine le ou les gars hilares, lâchant leurs jets puants sur mes affaires. Je bous. J'attrape ma valise avec dégoût, traverse le grand couloir qui s'anime discrètement à mesure que les premiers pensionnaires remontent, pénètre dans la salle d'eau et balance la valise sous la douche. Je fais couler l'eau chaude et asperge le tout d'une copieuse rasade de gel douche. Je frotte avec furie. Cette fois, je sens les larmes couler. De rage, d'écœurement, de lassitude.

Je rembarque le tout vers ma chambre, les affaires encore dégoulinantes ; un surveillant me croise et m'interpelle. Il m'engueule en voyant le désastre et la traînée de flotte qui suit ma nouvelle traversée du couloir. En voyant ma mine, il hésite finalement et se ravise.

— Il s'est passé quoi, Jouillerot ?

— Rien, je ne sais pas. J'ai trouvé ma valise sous la douche, mens-je.

— Bon, va me ranger ça rapidement, tu ne vas pas chialer pour des affaires mouillées quand même ?

Et il repart vaquer à ses occupations.

Je ré-enfile des affaires sales, les seules qui n'étaient pas dans mon sac et qui sont donc encore sèches. Je file en cours. J'arrive en retard. Me fais donc encore remarquer et tancer par le prof.

Et je le vois. Son petit sourire sonne comme un aveu. Je ne peux alors pas être sûr à 100 % que c'était lui ni qu'il était seul. Mais j'en ai l'intime conviction. Ce gars qui, au début, semblait vouloir être mon ami en est venu à se soulager dans mes affaires.

— Ah, mais tu sens bon mon gros Jouillerot, me balance-t-il alors que je passe à son niveau.

C'est lui, je le sais. Je n'ai pas de preuves pour le confondre, mais je le sais.

Pour la petite histoire, il me l'avouera des années plus tard à l'issue de l'avant-première d'un film que je suis venu présenter dans la région ; il était dans le public, avec des amis, et voulait se faire mousser en montrant qu'il connaissait l'une des têtes d'affiche du film. Il est venu la jouer cool, super pote.

— On était cons, quand même ! Tu te rappelles le coup de la valise ? Ah ah ah ah, on rigolait bien, hein ?

J'aurais pu être violent, le saccager devant ses amis, lui renvoyer mes années de psychanalyses en pleine tronche devant ses amis qui ne connaissaient sans doute rien de son passé de harceleur. Non, je l'ai juste ignoré, j'ai fait mine d'à peine le reconnaître, le laissant, les bras ballants, avec ses potes, me disant que le dédain valait plus belle revanche qu'un œil au beurre noir comme il a eu le jour suivant la valise urinoir.

Car cette bêtise animale a fait monter une envie bestiale de vengeance chez moi. La journée se passe sans que rien ne m'atteigne. Je suis hors de mon corps. L'odeur n'a pas quitté mes narines. La matinée passe, l'après-midi itou. La soirée tire à sa fin. Extinction des feux. Je suis incapable de fermer l'œil. J'attends. Patiemment. J'entends des ronflements. Je surveille l'heure. Des pas dans le couloir. Le surveillant fait sa première ronde. Trop tôt. Les bruits ambiants deviennent de plus en plus feutrés. Nouvelle série de pas. La dernière visite du pion. Trop tôt encore. J'attends. Déterminé. 23 h 30. Minuit. 0 h 30. 0 h 45. 1 heure. Plus un son. Cette fois, c'est la bonne. Je me lève et quitte la chambre en mode furtif. Je sais où il est. Je tire la porte de la chambrée où il se trouve. Tout le monde dort profondément. Je m'approche à pas feutrés de son lit. Aucune hésitation : je lui décoche trois coups de poing en pleine tête. J'y mets toute ma haine, toute ma violence. Tu t'es comporté comme un animal, tu as une réponse bestiale. J'ai tellement envie de lui faire mal que si rien ne m'arrête, je pourrais le foutre dans le coma.

Mais, il hurle, surpris dans son sommeil par cette douleur. J'ai juste le temps de filer et de sauter dans mon lit pour faire semblant d'être réveillé par le raffut.

Il a mal. Il saigne. Le surveillant est furieux. Personne n'a rien vu. Personne ne sait rien. Mais il a pris sa dose et va devoir supporter les stigmates de cette expédition punitive pendant quelque temps.

Le lendemain matin, il me coince.

— C'est toi qui m'as fait ça ? Tu vas morfler, Jouillerot !

J'aurais pu avouer avec fierté que oui, je lui ai bien balancé trois patates pour me venger de ce qu'il avait fait dans ma valise. Jouer cartes sur table quitte à prendre une raclée ensuite. Je la joue lâche, me lance dans le grand numéro du pleureur qui ne sait pas, n'a rien vu, rien entendu… J'avoue, j'ai aussi peur de sa réaction. Je crains que mon sursaut d'orgueil de la nuit ne fasse qu'empirer la situation.

Face à ma mine déconfite, il doute. Après tout, je ne suis pas le seul à lui en vouloir. Puis, c'est quand même peu crédible que moi, je sois capable d'aller m'attaquer à lui, fût-il endormi. Il relâche mon col, me fait signe de dégager.

Un des gars de ma chambre a assisté à la scène de loin. Il s'approche de moi.

— Je ne dirai rien, me souffle-t-il.

Je le regarde, interloqué.

— Je t'ai vu revenir précipitamment dans ton lit cette nuit. Je sais que c'est toi. Mais, t'inquiète, je ne dirai rien. Rien vu, rien entendu. Il l'a cherché, c'est de bonne guerre.

Mon cœur bat fort dans mes tempes. Il faut que je sorte de là. J'ai besoin d'une échappatoire. Mon horizon ne se compose que de sombres nuages. Heureusement, le sort va bientôt m'être favorable pour une fois. Mais, ça, je ne le sais pas encore. Nous sommes en février et pour cela, il va falloir attendre les neiges tardives du mois d'avril…

6

LA rencontre

Brimades, piques et coups tordus ponctuent les semaines suivantes. Il n'y a que dans le milieu professionnel que ça se passe à peu près bien. Le patron n'est pas un tendre, sûr. Mais, au moins, je suis traité comme un adulte et si ce n'est pas la franche rigolade tous les jours, je n'ai pas l'impression d'être une victime en puissance dans le regard des collègues. Ils sont tous plus âgés et bien loin des attitudes de gamins qui poussent les jeunes à sacrifier l'un des leurs pour le plaisir et l'affirmation de soi.

J'arrive donc dans ma période d'activité professionnelle avec soulagement. Pendant quelques jours, je vais dormir chez ma sœur et mon beau-frère ; il est toujours aussi bourru mais je l'apprécie toujours autant en dépit de ses sautes d'humeur imprévisibles qui peuvent parfois me tétaniser.

— Tu ne sais pas la dernière ? Tu sais qui arrive pour quelques jours à La Maraude ? Jugnot, le gars du *Père Noël* !

La Maraude, c'est un hôtel à Fournet-Blancheroche. Ma sœur vit juste à côté et a sympathisé avec la patronne de cet établissement bien coté dans la région. Et souvent, elle vient prendre un café avec ma frangine pour bavarder entre copines. Et là, le dernier potin est à la hauteur de l'excitation de cette commerçante pourtant habituée à recevoir du beau monde !

— Oui, il vient faire des repérages pour un film. Il m'a réservé deux chambres quelques jours, pour lui et son assistant…

Je n'en reviens pas ! Jugnot. Gérard Jugnot, quoi ! J'ai déjà vu *Les Bronzés font du ski* sans doute quarante fois ! Je ne compte même plus le nombre de visionnages de *Papy fait de la résistance* ! Pour moi, à ce moment-là, la troupe du Splendid, c'est le summum de l'humour. Je dois dire, sans flagornerie, qu'elle est toujours dans mon Panthéon de la rigolade aujourd'hui encore.

Je suis fasciné par cette nouvelle. Félix, Adolfo Ramirez, Pinot aussi… Là, à portée de vue de la chambre où je dors quand je suis chez ma sœur ! Et Gérard Jugnot, c'est aussi déjà un réalisateur reconnu à l'époque, auquel j'associe un bon souvenir de cinéma avec *Meilleure espoir féminin* ; je suis allé voir ce film avec mon autre sœur, un des rares moments de complicité passés avec elle sans penser à sa maladie…

Jugnot. Gérard Jugnot. Je ne sais pas quoi faire de cette information. Mon beau-frère, lui, a déjà un plan en tête.

— Il arrive quand ? Demain ? Tiens, Damien, tu vas aller le rencontrer. Avec ton expérience de théâtre, il va bien te proposer de la figuration !

Je rougis, fais comme si je ne trouvais pas ça gênant du tout… Mais lui ne plaisante pas.

— Non mais oh, Damien, je suis sérieux. T'as Jugnot qui vient ici, c'est une chance improbable et unique. Tu vas y aller et tu vas tenter. Sinon, ce n'est pas compliqué, je t'en colle une.

Je sais que la menace n'est pas une parole en l'air. Si je n'écoute pas ses directives, je vais me manger une rouste mémorable…

Le lendemain, c'est le grand jour. Je suis rentré du boulot vers 14 heures ; d'après notre informatrice sur zone, le cinéaste est espéré pour 16 heures. Il n'y a pas de scénario clairement établi mais, en gros, je dois me pointer devant lui et me vendre très vite. Mon beau-frère sera à la fenêtre pour vérifier que je ne me dégonfle pas. Je suis acculé. Alors, plutôt que de me faire du mouron, je décide de feinter. Oui, je vais y aller, oui, je vais interpeller Gérard Jugnot. Mais je ne vais pas me ridiculiser, ça, pas question…

Quand un gros Range Rover fait crisser les graviers devant l'établissement quasiment à l'heure dite, mon beau-frère, me donne le top.

— Te plante pas, Damien !

Je fonce pour traverser les quelques dizaines de mètres qui séparent le logement de ma sœur de l'entrée de l'hôtel. Je fais fi de ma timidité et mets en marche le plan que je me suis fixé.

— Monsieur Jugnot ?

Il vient à peine de descendre de sa voiture et d'ouvrir le coffre. Je sais que mon beau-frère nous regarde et qu'il attend que je reparte avec, *a minima*, un poste de figurant.

Gérard Jugnot se retourne. Me regarde, sourit. S'il est fatigué ou blasé d'être reconnu, il n'en montre rien. Il me salue. Ça me fait un petit quelque chose de le voir et d'entendre sa voix si caractéristique. Je baisse la voix pour ne pas prendre le risque qu'elle porte jusqu'à la fenêtre où est posté mon beau-frère.

— Je suis fan de vous, vous voulez bien me signer un autographe ?

Il sourit, me remercie. De loin, cela donne le change, comme si j'étais en train de nouer du lien alors que je ne fais que jouer au fan de base que je suis un peu au demeurant. Il saisit la feuille que je lui tends, prend un feutre et me fait sa dédicace reconnaissable avec ce petit bonhomme souriant dans le « G ». Je bredouille encore deux-trois mots, histoire de… Et je file comme je suis venu.

Mission accomplie, j'ai évité le ridicule et je suis resté suffisamment longtemps pour que mon beauf imagine que je me suis vraiment lancé. J'ai dû perdre deux litres de sueur en quelques minutes alors qu'il fait froid à pierre fendre mais je suis content de mon subterfuge.

— Attends, Damien, t'es sérieux ? Rien ? Même pas de la figuration ? Mais qu'est-ce que t'as foutu ? Faut que tu y retournes !

Mon beau-frère est énervé. Il sent que je passe à côté de quelque chose. Il voit dans cet alignement des astres une opportunité à côté de laquelle je n'ai pas le droit de passer.

— Jugnot ? A-DO-RA-BLE ! s'extasie l'amie de ma sœur venue débriefer l'arrivée de la star. Il a fait ses repérages toute la journée, il joue au théâtre ce soir. Ça a l'air d'être un sacré bosseur. Il a demandé le petit déjeuner très tôt demain matin parce qu'il doit repartir pour 6 heures.

— Tu fais comme tu veux, Damien, mais tu y retournes demain quand il part. Faut que tu lui montres que tu en veux ! me prévient mon beau-frère.

— Mais c'est que je pars travailler à 6 heures, moi !

— Eh bien tu seras en retard, on dira que c'était à cause du verglas ! T'as une chance, une seule. Déconne pas Damien, me déçois pas.

Lui qui d'ordinaire brandit la menace physique systématiquement me montre une autre facette. Il y croit. Dans ses tripes.

Les heures qui suivent sont blanches. Impossible de m'endormir. J'ai vu le véhicule revenir tard après la représentation. Je l'aperçois de la fenêtre à laquelle je suis scotché. Qu'est-ce que je vais lui dire à Jugnot moi, à 6 heures du matin ? Mais vers quel casse-pipe il m'envoie, mon beauf ?

2 heures, 3 heures… Mais *c'est n'importe quoi Damien, t'es qu'un incapable, qu'est-ce que tu vas aller déranger un monsieur du cinéma comme ça ? Il est fou ton beau-frère, ne l'écoute pas…*

4 heures, 5 heures… *Il va rigoler, c'est sûr. Il va se moquer de moi. Ils finissent tous par se moquer de moi…*

5 h 45. Une lumière s'allume, c'est lui ! Je suis resté habillé, j'ai mes baskets aux pieds. Comme la veille, je me rue vers le Range Rover qui vient de faire son demi-tour dans la cour de l'hôtel. Les bras en croix, les

phares en pleine face, je me place devant le véhicule qui roulait au ralenti mais qui est tout de même obligé de piler.

— Monsieur Jugnot, vous n'avez pas un rôle pour moi ?

Gérard Jugnot est descendu de la voiture. Je crois qu'il a eu un peu peur ; je le comprends. La scène est surréaliste. Il a failli écraser un gamin qui s'est jeté sous ses roues volontairement et qui lui balance tout de go qu'il veut un rôle dans son prochain film. Il y a de quoi être désarçonné, je le concède…

— Mais, t'es le minot d'hier. Je t'ai déjà signé quelque chose, non ?

Il ne semble pas comprendre ce que je fiche là, à cette heure, dans ce froid glacial. Il se dirige vers le coffre d'où il sort une affiche de la pièce de théâtre qu'il joue toujours à l'époque, *Espèces menacées*, et me la dédicace.

— Non, monsieur Jugnot. Je veux un rôle dans votre prochain film, moi !

Est-ce la nuit blanche ? Le regard de mon beau-frère ? Je ne touche plus terre et joue mon va-tout.

Il ne comprend pas. Regarde son assistant, tout aussi interloqué.

— T'as quel âge ?

— 15 ans et demi.

— Je cherche un gamin de 12 ans, moi.

— Je ne fais pas mon âge !

— Tes yeux, ils sont de quelle couleur ?

— Marron.

— Le personnage a les yeux bleus.

— Alors je peux mettre des lentilles !

Je suis porté par mon audace. Il se détend, regarde son assistant, rigole… Je devrais ressentir le froid de cette matinée alors que l'aube point à peine. Mais l'excitation est plus forte.

— Ah, ça ne va pas le faire, je n'avais pas vu que tu avais un appareil dentaire et il ne peut pas y en avoir à l'écran dans ce film.

— Non, mais ça, ce n'est rien, je peux le faire enlever.

— Et tes cheveux, ça ne va pas non plus. Il me faut un brun, pas un blond décoloré dans un film sur l'histoire…

— Je coupe, vous me dites, j'enlève aussi !

Il rigole de plus belle, son assistant se marre également.

— Ton accent, tu ne vas pas le couper. Il est trop prononcé !

Ne me demandez pas d'où ça me vient ni quelle audace me pousse à lui répondre ça :

— Mais, enfin, monsieur Jugnot, si vous tournez un film dans le secteur, c'est parce que vous voulez la vérité des décors et de la vie d'ici. Vous ne pouvez pas avoir que des acteurs sans l'accent du coin, ça ne va pas faire crédible !

L'argument lui plaît.

— Putain, il lâche rien, le gamin. Allez, viens, t'as cinq minutes.

Il recule le Range Rover, coupe le moteur. Il fait signe à son assistant de prendre un scénario et m'invite à entrer dans la salle du petit déjeuner de l'hôtel.

— Fais pas de bruit, il y a Lamotte qui dort ! me prévient Gérard Jugnot.

Martin Lamotte était sur scène avec lui la veille dans une salle pas loin. Je ne sais pas ce que je suis en train de vivre mais je ne me reconnais plus.

— T'as déjà lu un scénario ?

J'acquiesce. Je mens. Il semble perplexe. J'en rajoute. Lui parle du conservatoire de Besançon où je m'invente un cursus.

— C'est que j'ai fait trois ans de théâtre. J'ai eu une mention très bien dans une pièce !

Je m'enflamme. Perdu pour perdu, je fais tapis. Son assistant filme la scène. Elle sera incluse dans les bonus d'un futur DVD quelques années plus tard. On m'y voit, luttant contre ma timidité pour convaincre Gérard Jugnot que je suis l'enfant qui lui faut.

— T'as 15 ans ? Mais tu fais tout petit…

Pour une fois que cela peut me servir, de faire gamin, je ne vais pas le démentir.

— Oui, oui, oui, je fais petit.

Après l'étonnement, Gérard Jugnot est maintenant en mode concentré. Il ne me regarde plus comme un hurluberlu surgit d'on ne sait où ; il est dans la préparation de son film. Je n'ai plus devant moi la personnalité publique mais un professionnel que je ne pourrais pas duper. J'ai capté son attention, je dois aller au bout.

— Bon, vas-y, fais-moi une lecture de ce passage.

Il me tend le scénario de *Monsieur Batignole*. C'est la scène durant laquelle Martin, un gamin dont la mère cache le boucher et les trois enfants qu'il tente d'exfiltrer, raconte à Jules que son frère « est un grand résistant ». Je suis lamentable. Je surjoue, ça sonne faux, c'est d'une nullité abyssale. Gérard Jugnot appuie sur le frein !

— Non, non, mollo. Fais-moi du naturel. On est dans la vie ! Allez, on recommence.

Je reprends, plus sur la retenue alors que mon cœur bat à quatre mille pulsations minutes !

— Tu fais quoi Damien, dans la vie ?

— Je suis apprenti en boulangerie.

— Bon, j'ai encore un peu de boulot par ici et je repars à Paris tout à l'heure. Je dois notamment superviser l'audition pour le personnage de Martin que tu viens de lire. Je ne peux pas te promettre que tu auras le rôle mais, quoi qu'il arrive, j'aurais fait une belle rencontre aujourd'hui, Damien.

Et il me serre la main avant de prendre congé.

Je sors de l'hôtel, je suis sur un petit nuage. Mon beau-frère est à la fenêtre. Je fonce vers l'appartement, excité comme une puce ! Comme je suis à la bourre pour le boulot, il m'emmène en voiture. Durant le trajet, je lui raconte tout, dans les moindres détails.

— Et il m'a dit que j'étais une belle rencontre ! Tu te rends compte ?

Pour la première fois, je vois un peu de fierté dans son regard.

J'arrive au boulot, à la bourre, le patron est bougon.

— Jouillerot, tu vas aller me couper du bois !

Je suis tellement shooté aux endorphines qu'il aurait pu me demander d'aller récurer les toilettes, j'aurais dit « oui » avec le même air béat !

— Mais qu'est-ce qu'il a, à sourire comme ça, l'autre guignol ?

Pensez ce que vous voulez, insultez-moi, rabaissez-moi, je n'en ai plus rien à faire. Je suis « une belle rencontre ». Je n'aurai sans doute jamais le rôle. Mais cette petite phrase est la chose la plus douce que j'aie entendue en quinze ans. Et je l'ai souvent redit à Gérard depuis : cette phrase, elle m'a sauvé la vie.

7

La délivrance ?

Le lundi suivant, je retourne en cours. Je reste abasourdi par mon audace, par les mots de Gérard Jugnot. Un Monsieur.

En moi, deux émotions s'affrontent. Cet espoir, d'un côté, que je vais m'émanciper de cette vie dans laquelle je suis englué, une vie où l'on pisse sur mes affaires, où l'on me pousse dans les escaliers, où l'on me traite comme un minable. Et cette crainte, de l'autre, que tout cela soit vain, que je ne puisse jamais m'extraire de ma condition de victime malgré tous mes efforts, même les plus culottés, que si l'on me traite comme un minable, c'est peut-être parce que je le mérite.

J'ai la tête ailleurs en reprenant ce lundi, ce qui ne m'empêche pas d'avoir de bons résultats à nouveau tant les exercices demandés sont d'une facilité déconcertante. Me voici donc encore pris dans le « drame des bons élèves », considéré comme un fayot par les autres et traité comme tel : mesquineries, agressivité, insultes, violences physiques. Mon quatuor magique qui fait de ma vie un enfer habituel.

Je garde pour moi le secret des jours passés. Je ne veux pas abîmer l'expérience. Je sais trop ce qu'ils en feraient. Ils saliraient mon souvenir, me pousseraient à haïr cette unique et trop brève belle histoire. Ils n'auront pas ça. Ils ont déjà trop de moi. Comme un otage qui s'accroche à ses souvenirs pour tenir jour après jour, je me rejoue la scène dans ses moindres détails quasi en continu. Tout est encore très frais dans ma mémoire. Je peux encore détailler chaque infime moment, chaque respiration. Et réécouter dans ma tête ces quelques mots, « une belle rencontre ».

Le tour de grand huit n'est pas éternel. Les heures passent. Puis les jours. Je n'ai pas de nouvelles. « Je vous parle d'un temps… » chantait Aznavour. D'un temps où nous n'avions pas de portable, pas d'Internet et, *a fortiori*, encore moins de réseaux sociaux. Donc, pour avoir une réponse, cela passe soit par le téléphone fixe, soit par le courrier. J'exclus le fax, nous n'en avons pas à la maison. Donc, si ma mère n'a pas appelé l'école, c'est qu'il n'y a rien qui m'attend. Je croise les doigts à m'en faire blanchir les phalanges mais rien n'y fait : jour après jour, ma seule surprise est une nouvelle agression, une nouvelle insulte qui fracture mon cœur et mon *ego*.

C'est mort. Je le sais, j'en suis sûr. Je le sens dans mes tripes. Comment ai-je pu être dupe ? Jugnot est un gentil, il a juste été poli. Je ne suis tellement pas habitué que j'ai pris ça pour une marque d'intérêt. Mais qui suis-je à ses yeux ? Personne. Rien. Sauf que lui me l'a dit gentiment parce qu'il est distingué, parce qu'il a un savoir-être auquel je ne suis pas habitué. Mais il me l'a fait comprendre, il a du travail à Paris, des enfants meilleurs que moi à voir. Des comédiens, des vrais. Pas des gars comme moi. Pas des nuls dont les affaires sont parfumées à l'urée. C'est mort, c'est certain. Cela va faire une semaine. Ce sont les autres qui ont raison. Tu t'es cru dans un conte de fées, Damien ? Mais la citrouille, c'est moi ! J'ai eu mon quart d'heure warholien sans même un seul témoin. Ce doux souvenir se dissipera. La caque sent toujours le hareng : j'aurai beau me démener comme un beau diable, je ne m'extrairai jamais de ma caste. Victime j'étais, victime je suis, victime je serai.

Voilà, c'est officiel dans ma tête : « Et le César de l'aspirant comédien qui n'aura jamais de rôle dans un film de Gérard Jugnot est attribué à : Damien Jouillerot ! » Je suis le seul nommé, ovation du public. Une semaine que je ne pense qu'à ça et que mes rêves se délitent. Ils doivent sentir que mes barrières sont tombées car j'ai l'impression que c'est un festival de vannes méchantes. Je ne réagis même plus. Intérieurement, je commence à m'en vouloir d'y avoir cru. Je commence presque à me dire que je n'aurais jamais dû franchir cette rue et me planter devant la voiture ; un espoir déçu est encore pire qu'une bordée d'insultes. Psychologiquement, c'est au moins aussi violent que cette odeur d'ammoniac qui se dégageait de mes affaires quelques semaines plus tôt. Ça m'apprendra à avoir des rêves.

Huit jours, neuf jours, dix jours… J'y pense tout le temps, défaitiste. La seule évolution notable dans ma vie, c'est le cadenas qui sécurise désormais ma valise en permanence. Nouveau lundi, nouvelle semaine. Résilience. Je me fous de tout. J'ai raté ma chance, si tant est que je l'aie jamais eu, alors maintenant, la suite est simple : j'endure, je fais mes deux ans pour obtenir mon CAP boulangerie. Au mieux, j'ouvrirai un jour une boulangerie, au pire, j'aurai juste un travail. Mon avenir est terne. J'espérais l'éclaircir avec cet épisode comme d'autres misent sur un ticket de loterie. Mais voilà où j'en suis : victime désignée et résignée partout où je vais, une famille disons, compliquée, jamais parti en vacances, trois potes à tout casser, je ne fais plus de théâtre… Quand j'y repense, une image me vient. N'importe quel individu passé un jour par la station Châtelet-les-Halles peut la comprendre : je suis un touriste qui ne parle pas la langue et ne lit pas le français, perdu au milieu de Châtelet, sans personne pour m'aider, au contraire, je gêne ceux qui veulent passer.

Pardon d'avance pour mon lexique : ma vie me fait chier. Il s'est produit un événement incroyable, un seul. La probabilité pour que Gérard Jugnot vienne dans ce village, dans cet hôtel près de chez ma sœur, que je sois là ce jour-là, que... Bref, les chances que tous les astres soient alignés étaient proches de zéro. Alors, s'il fallait en plus que je réussisse quelque chose...

Les deux semaines de cours sont passées. Rien. Aucun coup de fil de ma mère, la seule au courant à la maison ; il ne manquerait plus que mon père le sache... Il m'a déjà dit « non » pour les Beaux-Arts, « car on ne vit pas d'un métier artistique », m'affirme-t-il. Alors, si je commence à lui parler de cinéma !

Je rentre chez moi. En descendant du bus, je tombe sur l'un de mes seuls copains. Il est en conduite accompagnée avec son père côté passager.

— Damien, tu viens, on va à la galerie chercher mes lunettes !

Ça m'amuse de le voir au volant et de me faire conduire par lui. J'accepte. Au moins, je peux me confier à eux, leur raconter l'incroyable. Ils pensent peut-être que je fabule mais ça me soulage.

J'arrive à la maison plus tard que d'habitude. Je franchis la porte, mon père est attablé, le téléphone sans fil posé à côté de lui. Se sont-ils inquiétés de mon retard ? L'espace d'un instant, je crains une soufflante.

— C'est quoi cette histoire, Damien ? m'interroge mon père.

Je ne comprends pas.

— On a un mythomane qui n'arrête pas d'appeler depuis ce matin. Il dit qu'il veut te parler…

Mon cœur s'emballe. Ma mère sourit. Mon père aussi. Elle lui a tout raconté. Ce mythomane, auquel mon père a raccroché au nez au moins trois fois, serait-ce… ? Le téléphone sonne à nouveau. Il décroche, répond juste : « Oui » et me tend le combiné.

— Ah, allô, Damien ?

Un « oui » fluet s'échappe timidement de ma bouche.

— C'est Gérard Jugnot, tu te souviens de moi ?

— Ah, oui, bonjour !

— Bonjour. Est-ce que tu veux toujours faire du cinéma, alors ?

— Ah bah oui.

— Bon bah alors on va te prendre, alors.

— Non, c'est vrai ?

— Oui.

— Non, j'ai le rôle ?

— Oui, oui. Enfin, si ça te plaît, il faut que tu le lises.

— Oh, non, c'est pas vrai. J'en reviens pas.

— On va t'envoyer un scénario, et on va travailler un petit peu.

— D'accord.

— T'es content ?

— D'accord.

— T'es content alors ?

— Oh oui, oh bah oui.

— T'as pas touché tes cheveux ?

— Non j'ai rien touché, j'ai fait comme vous m'avez dit.

— Et tes bagues ? T'as demandé à ton orthodontiste si on pouvait les virer ?

— Bah, euh oui.

— D'accord, bon, puis on va pas te changer les yeux, finalement.

— Ah, on touche pas les yeux, d'accord.

— Bon, on va prendre contact avec toi et on se verra bientôt.

— D'accord.

— Bon, bah, je te salue.

— Ah merci, hein ! Au revoir.

— Salut !

Cet entretien, je ne le récite pas de tête. Il a été filmé par Arthur Jugnot, le fils de Gérard Jugnot, pour documenter la création du film. Quand on regarde la vidéo, que l'on entend l'échange avec mon accent et ma voix de crécelle, on sent que je n'ai pas conscience de ce qui m'arrive. Je réponds comme si je n'étais pas dans mon corps. On perçoit d'ailleurs cette légère hésitation lorsqu'il m'interroge sur mon appareil dentaire. Il va de soi que je n'ai fait aucune démarche mais tant pis, je ne vais pas craquer maintenant. Durant l'entretien d'à peine une minute, Gérard Jugnot est souriant, détendu, heureux de mon enthousiasme.

S'il savait…

Mon père sourit. Je vois dans son regard un éclat que je n'avais jamais noté. De la fierté pour moi. J'ai réussi quelque chose À cet instant, il me semble comprendre quelque chose sur son fils : l'art, c'est ce que j'aime, ce que je veux faire. Ma mère est aux anges.

Il est 17 heures, il fait un temps superbe. Je me mets à hurler de joie. J'ouvre la porte, je cours dans la rue en hurlant comme un forcené. Mon poto Julien se met à sa fenêtre, paniqué.

— Damien, qu'est-ce qu'il y a ?

— J'ai eu le rôle, t'inquiète pas, c'est rien, j'ai eu le rôle !

On me regarde, bizarre. « Le rôle », « le rôle ». Mais de quoi il parle, ce gamin ?

Le soir pour fêter ça, on va au restaurant. C'est la fête dans ma tête, je n'ai jamais éprouvé ça.

Nous sommes en avril, le tournage est en juillet. Je sens que je vais vivre le meilleur été de mon existence ! Et que, d'ici là, cette nouvelle va changer le regard des autres sur moi. Le Jouillerot n'est plus une victime. Il lui arrive quelque chose de dingue ! Il va faire du cinéma. Ils vont être fous. Ils vont me respecter. Ils vont vouloir être mes amis. Pas vrai ?

8

Dévalué

Je ne dors pas. Impossible. *Pincez-moi. Certifiez-moi que je ne rêve pas !* Quand je sors de ma chambre au petit jour, mon père est déjà debout. Ce n'est pas un grand causeur. Mais un détail me prouve qu'il est heureux pour moi : ce matin-là, j'ai droit non pas à un mais à deux croissants ! Ce n'est qu'une petite attention mais je le prends comme sa manière à lui de me dire quelque chose. Et ça me rend heureux ! C'est le début de quelque chose de neuf. Pour une fois dans ma vie, un événement agréable arrive. Je n'imagine pas une carrière, des prix, Hollywood ou que sais-je. Non, rien de tout cela. Je vois surtout que pour le gamin que je suis, qui n'est jamais parti en vacances, les congés estivaux vont, cette fois avoir une autre saveur. Ça va me faire mon été, cette histoire !

Puis, mince, c'est quand même un truc dingue, non ? Moi, Damien Jouillerot, choisi pour tourner dans un film ! Ils vont être impressionnés. Ils vont être bouche bée ! Ils vont me respecter…

En attendant, je savoure mon second croissant et ce moment de complicité père-fils, assez rare pour qu'il m'émeuve, puis fonce voir quelqu'un avec qui je veux partager ce bonheur : mon ancienne professeure de théâtre. Sa réaction enthousiaste me conforte dans l'idée que, non, ce qui m'arrive n'est pas anodin.

— C'est une très belle nouvelle, Damien ! Je comprends que tu aies été sélectionné. Il n'y a pas de doute à avoir sur tes qualités !

Tant de bonnes ondes, de compliments, de bonnes choses… J'en ai le tournis ! C'est le plus beau week-end de mon existence !

Et si tout cela se transformait en naufrage ? C'est plus fort que moi. J'ai tellement été dévalorisé, Ils m'ont tellement fait comprendre que je n'étais rien que je ne peux pas croire en moi. Mon ciel bleu se charge de lourds nuages menaçants. OK, ma prof de théâtre y croit, mais qu'est-ce qu'un texte dans une troupe amateur face à un scénario de cinéma ? Je suis un joueur de National 3 et me voilà propulsé en Ligue 1… L'angoisse m'étreint comme un boa enlace sa proie. J'ai toujours tout raté, il n'y a pas de raisons pour que ça change. *Mauvais, nul, zéro, incapable.* S'il vous plaît, faites taire ces voix qui m'agressent !

Un appel de la costumière en rajoute une couche et ancre un peu plus ce rêve dans le réel. La machine est lancée. On compte sur moi comme jamais alors que je suis incapable de me faire confiance.

Et mon retour en cours le lundi matin va finir de doucher mes espoirs.

— Alors, qu'avez-vous fait de beau ce week-end ?

La question de mon professeur principal revient chaque lundi de reprise. Il nous considère comme des enfants, nous traite comme des enfants, ses questions sont donc infantilisantes et posées avec le ton du maître d'école qui s'adresserait à ses primaires. Tour à tour, chacun répond. C'est à moi :

— Moi, j'ai appris que j'allais jouer dans un film de Gérard Jugnot !

Je n'y crois pas moi-même, comment peuvent-ils, eux, y croire ? La salle explose de rire et l'ambiance vire au chahut. Le prof essaie de ramener le calme. J'en ai les larmes aux yeux. Personne dans la classe ne peut imaginer même une demi-seconde que je ne mens pas. J'essaie de les convaincre mais ne provoque qu'une salve de vannes et de moqueries… Il n'y a que le prof qui finit par comprendre que je dis la vérité. À la fin de l'heure, il me prend à part :

— Tu sais, Damien, c'est bien, ton histoire de film, là. Mais, alors, par contre, t'emballe pas. Tu vas certainement faire un tournage dans ta vie et après ce sera le chômage. Donc, tu restes concentré sur l'apprentissage, OK ?

Il a raison, ce n'est rien, en vérité. Ma belle dynamique a été brève. Avec un peu de chance, ça ne va pas trop mal se passer et puis ce sera tout, retour à la réalité. Un mot laissé en évidence sur mes affaires au retour de la récré enfonce un nouveau clou dans le cercueil de mes espoirs : « Tu vas gagner 50 balles et t'auras plus rien. »

Je l'ai conservé, ce papier. Il est dans un vieux carton. Désormais, il me rappelle tout le chemin parcouru. Mais, à cette époque, c'est un coup de matraque en plein ventre qui m'arrache des larmes de dépit et de colère. Moi qui pensais leur annoncer un truc de fou…

J'obtiens l'autorisation de passer un coup de fil à mes parents.

— Tu sais, on n'est jamais jaloux de ceux qui n'ont rien, me dit mon père pour me rassurer. Tu verras, quand le film sortira…

En attendant, la « vedette », comme Ils m'appellent, prend double ration de moqueries et de pichenettes. Les profs, au mieux, s'en moquent ou, au pire, en remettent une couche. J'espérais un minimum de considération, d'enthousiasme… Le pire scénario s'écrit, celui que je n'envisageais même pas : la belle histoire se retourne contre moi. Même mon maître de stage, à qui je dois annoncer que je ne pourrai pas travailler durant l'été, s'en tape le coquillard.

Et, en parallèle, le rythme s'accélère. Je reçois des appels de la production, des courriers tamponnés « Confidentiel » contenant le scénario du film que je dois lire « pour faire un retour » à Gérard Jugnot, comme il me le demande d'un mot écrit de sa main…

Je lis, que dis-je, je dévore ce qu'il m'a envoyé. Découvre que mon personnage a un accent franc-comtois finalement, ce qui me fait sourire. Je comprends que j'ai un vrai rôle dans le film, avec sept jours de tournage ! Et que je vais être payé ! 350 euros par jour de tournage ! 350 euros ! Je relis vingt fois pour être sûr. 350. Euros. Par. Jour. Mes parents ne gagnent pas, à deux, en un mois ce que je vais percevoir en sept jours.

Le journal local apprend qu'un enfant du pays va tourner dans le prochain film de Gérard Jugnot et contacte mes parents pour faire un sujet. Le tournage n'a pas commencé que je fais la une du quotidien régional.

Ils le voient. Ils n'y croyaient pas mais maintenant, Ils savent que c'est vrai. Leur jalousie et leur haine explosent. Ils m'adressent des mots insultants plusieurs fois par jour désormais. Anonymement, bien sûr. Plus que leurs coups, ces mots me déchirent. Pourtant, ceux-là aussi, je les ai gardés. Je ne les retranscris pas ici, ce serait gâcher des arbres. Mais qu'est-ce qu'ils m'ont ravagé alors ! Cette expérience devait éteindre l'incendie, elle n'a fait que jeter de l'huile sur le feu de leur détestation. L'année scolaire avance au rythme d'une tortue neurasthénique. Pour m'échapper de cette violence verbale et physique quasi quotidienne à laquelle je me suis résigné, je me jette à corps perdu dans la préparation de mon rôle. Si je suis mauvais, ce ne sera pas faute d'avoir essayé de bien faire.

9

Mon langage

La fin de l'année scolaire arrive enfin. Au soulagement de quitter cet univers anxiogène au quotidien succède le stress : le tournage va commencer dans quelques jours. Et si j'étais nul ? Et s'Ils avaient raison ?

Je me suis refusé à la paresse et ai appris mon texte par cœur. J'ai bossé sans relâche la nuit, m'éclairant à la frontale quand tout le monde dormait. Hors de question qu'Ils me voient répéter ou, pis encore, qu'Ils cherchent à dérober mon précieux scénario frappé d'un imposant « Confidentiel » qui ne le resterait pas longtemps entre leurs mains. Je l'ai conservé avec moi, sur moi, durant toutes les dernières semaines, profitant de chaque seconde libre pour me refaire mes répliques et celles de mes futurs partenaires de jeu.

Alors, quand Gérard Jugnot arrive quelques jours avant le début du tournage, je peux quasiment le réciter de tête. Ma tête, justement… J'ai encore mes bagues sur les dents, mes cheveux ont beaucoup poussé car il fallait laisser le champ libre au coiffeur du plateau. Quand Gérard débarque chez moi pour saluer mes parents qu'il n'a pas encore rencontrés, il s'amuse et semble perplexe :

— Tu es bien sûr pour ton appareil dentaire ?

— Oui, oui, aucun problème, j'ai rendez-vous chez l'orthodontiste.

Pieux mensonge. Je demande à mes parents de m'y emmener dès le lendemain pour régler ce problème. Et, face au refus du professionnel dentaire, je lui oppose une solution radicale :

— Si ce n'est pas vous qui l'enlevez, je le fais moi-même avec une pince !

Je suis si déterminé que rien ne semble pouvoir m'arrêter. Moi, le gamin si effacé d'ordinaire, rabroué, violenté, je me découvre une détermination de dingue.

La veille de mon premier jour de tournage, je suis convié à une rencontre avec l'équipe. Jules Sitruk est là ; il est plus jeune que moi mais c'est déjà un pro. Il est un peu méfiant au départ. Visiblement, l'audace qui m'a conduit à être au casting de ce film a déjà fait le tour de l'équipe, je suis un peu l'ovni et j'attire la lumière sur moi sans le vouloir. Je rencontre également Violette

Blanckaert et Daphné Baiwir, qui jouent les deux sœurs Cohen ; avec elles, le courant passe très bien, très vite.

Étonnamment, je ne suis pas impressionné par tout ce que je découvre. Je me sens vite à l'aise. Même lorsque l'on me plonge dans le grand bain dès le lendemain. Je tourne ma première scène. Gérard Jugnot m'explique tout, le fameux « moteur – action », la lumière, la prise de son… Et me donne un seul conseil :

— Ne regarde pas la caméra, elle ne te fera rien !

Je dois tailler une élingue. Une prise, deux prises, trois prises… C'est dans la boîte.

Je comprends tout instantanément, sans forcer. J'ai ce sentiment indescriptible d'avoir parlé toute ma vie une langue que personne ne comprenait et que, pour la première fois, quelqu'un comprend mon langage.

J'écoute des discussions auxquelles je ne suis pas habitué. Ça parle d'art, de culture, de voyages. Je rencontre des personnes qui vont marquer ma vie à jamais. Élisabeth Commelin d'abord, ma mère dans le film, qui me prend sous son aile dans la vraie vie ; elle accompagne avec douceur et bienveillance mes premiers pas dans ce monde inconnu pour moi qu'est le cinéma. Arthur Jugnot, qui joue mon frère dans *Monsieur Batignole*, est aussi un grand soutien dans cette aventure, me protégeant comme un grand frère plein d'humour. Enfin, il y a Églantine, la grande sœur de Violette, dont je tombe fou amoureux du haut de mes 15 ans ; un amour adolescent réciproque devenu depuis une amitié inaltérable. Je rencontre Jean-Paul Rouve. Quand tout le monde lui parle de *Julie Lescaut*, je lui raconte combien Les Robins des Bois me font marrer !

— Attends, tu connais Les Robins ? Écoute, si on fait un film un jour, je te promets que tu joues dedans ! m'affirme-t-il.

Mais c'est quoi, cette semaine de dingue ? Ça existe vraiment ? Je débarque par effraction sur un plateau et voilà que l'on me dit que je jouerai dans un deuxième film un jour !

On me considère, on me respecte, on est aux petits soins. Gérard Jugnot adore les enfants et se montre très protecteur avec moi. Il me laisse le suivre durant toute la semaine sur le plateau et dans les soirées qui s'éternisent dans la bonne humeur dans le grand salon de l'hôtel voisin de chez ma sœur. Il est cultivé, a du caractère… Il devient un modèle pour moi. Il m'explique tout, me laisse fureter parmi les équipes techniques auxquelles je pose mille et une questions. Et il n'hésite pas à me remettre en place si je ne suis pas à la hauteur.

Un soir, j'arrive sur une scène en dilettante. Je ne connais plus mon texte. Les prises s'enchaînent. Mauvaises. Interruption de tournage. Gérard me prend à part et me dit quelque chose qui continue de m'animer vingt-trois ans après. Il n'est pas en colère, il est agacé.

— Tu vois les gens sur le plateau autour de toi ? Ils sont arrivés trois heures avant toi pour préparer la scène, mettre la bonne lumière au bon endroit, l'accessoire qu'il faut à la bonne place, ce qu'il faut de maquillage pour sublimer les acteurs à l'écran... Et quand la scène sera terminée, que les acteurs iront se reposer, ils resteront encore trois heures après pour préparer la scène suivante. Le texte, tu as maintenant quinze minutes pour le connaître. Par respect pour ces techniciens et techniciennes qui donnent le meilleur dans l'ombre.

Il n'y a aucune agressivité, aucune menace. Juste un fait. En creux, j'entends : « Je t'ai fait confiance, ne me déçois pas. » Alors, je me ressaisis et donne tout ce que je peux. Pour être digne de sa confiance.

Peu après, j'ai une scène triste à jouer. Je me concentre énormément avant de la tourner et donne tout ce que j'ai. Des années plus tard, Gérard me confiera que c'est sur cette scène qu'il a eu la « certitude » qu'il ne s'était pas trompé en me prenant sur le film.

En quelques jours, ma vie change du tout au tout. Le gamin écorché qui urinait au lit jusqu'à ses 12 ans après une journée trop angoissante gagne en assurance. On me considère, on m'apprécie. On prend soin de moi. Élisabeth Commelin me tend un jour un bout de papier. Un numéro de téléphone :

— Appelle de ma part.

Je compose le numéro quelques heures plus tard sans savoir sur qui je vais tomber.

— Ah, mais tu es le gamin du film de Gérard ! Élisabeth m'a parlé de toi. La directrice de casting aussi.

— Pardon, mais je ne sais pas qui vous êtes…

— Je suis l'agent d'Élisabeth. Et, si tu veux, je peux devenir le tien.

— Mais, c'est que je ne peux pas vous payer moi, Madame.

Elle rigole de bon cœur, m'explique comment cela pourrait se passer.

— Viens me voir à Paris la semaine prochaine !

Mais qu'est-ce qui se passe ? Un tournage, des rencontres phénoménales, des personnes qui prennent soin de moi…

La semaine s'écoule à une vitesse folle. La soirée de fin de tournage franc-comtois réunit l'équipe mais régale aussi des gens des villages alentour. Gérard Jugnot a un mot adorable pour tout le monde. Et une petite attention particulière pour moi, le gamin qui mettait des gâteaux du car régie dans ses poches pour les manger chez lui plus tard. Oui, je sais, ça fait un peu Cosette, mais ce n'était pas tous les jours que je pouvais avoir des douceurs comme celles-ci à la maison ! Il m'offre une console de jeux. La même que Jules utilise entre deux scènes. Aujourd'hui encore, ce cadeau m'accompagne.

On se dit au revoir. Je tente péniblement de ravaler mes larmes. Mais je sais déjà que l'on va se revoir très vite. Mon beau-frère va m'accompagner à Paris dans quelques jours. Il faut battre le fer tant qu'il est chaud et il ne veut pas que je passe à côté de cette opportunité.

— Ce serait vraiment trop con de ne pas le laisser essayer, affirme-t-il à mes parents.

Les astres sont alignés. Élisabeth nous accueille chez elle quelque temps, Gérard Jugnot nous invite au théâtre et sur le tournage parisien de *Monsieur Batignole*.

Je rencontre l'agent. Et rentre en Franche-Comté, auréolé d'une petite notoriété. La presse régionale a pu suivre le tournage et plusieurs articles sont sortis. Ma tête est sur les photos. Je suis sur un petit nuage. Et vient la décompensation. L'euphorie s'éloigne à mesure que la date de la rentrée se rapproche. La Maison familiale revient me hanter. Je ne sais pas à quoi m'attendre. J'ai vécu tellement fort pendant ce court instant. Ils vont tout gâcher. Ils vont me voler cette parenthèse. Je ne mouille plus mon lit depuis trois ans à peine. Mais le stress me tord les boyaux à mesure que septembre approche. Ils seront là. Et mes souvenirs ne suffiront pas face à ça.

Harcelé

Veulent me gaver comme une oie 'vec des matières indigestes. J'aurai oublié tout ça, quand j'aurai appris tout l'reste. Soulève un peu mon cartable, l'est lourd comme un cheval mort. Dix kilos d'indispensables théorèmes de Pythagore !

RENAUD, « C'EST QUAND QU'ON VA OÙ ? » (1994)

PARTIE II

LE GAMIN AUX DEUX VISAGES

1

La rançon du succès

L'été file à une vitesse. C'est fou comme les jours passent en un claquement de doigts quand il se produit quelque chose, *a fortiori* quelque chose d'agréable. Pour la première fois de ma vie, mes vacances n'ont pas été une succession de jours vides, occupés avec mes quelques copains fidèles lorsqu'ils étaient là. Elles ont été… Non, pas « bonnes ». Pas « géniales ». Suprêmes ! Mais toutes les bonnes choses ont une fin, paraît-il. Et la Maison familiale revient. Le stress avec.

Quelques jours avant, je prends tout de même mon courage à deux mains :

— Papa. Je ne veux plus faire boulangerie.

Jamais, au grand jamais, je n'aurais osé dire cela il y a quelques semaines. Mais quelque chose a changé chez moi. J'ai l'impression d'avoir mûri. D'avoir gagné en assurance grâce à ces expériences estivales. Je m'attendais à ce que mon père parte dans une litanie sur l'importance de trouver un métier, sur les conséquences de cet abandon potentiel, sur le fait qu'un boulanger trouvera toujours du travail (l'époque actuelle lui donne raison !). Mais… non !

— Tu voudrais faire quoi à la place ?

Je sais que cela va paraître cliché, mais nous sommes alors en voiture et, à la radio résonnent les premières notes de la chanson « Mon vieux » de Daniel Guichard. Dès que je l'entends, je ne peux m'empêcher de repenser à notre échange dans notre vieille guimbarde, la première discussion entre un père et son fils. Je suis désarçonné une seconde par sa réaction bienveillante.

— Dans l'imprimerie. Tu sais, j'aime toujours le dessin. Peut-être que ça me permettrait de me rapprocher de ma passion…

« J'aime le dessin »… Plus que tout, plus que jamais ! C'est grâce à lui que je m'évade dans ma bulle. C'est mon autre monde quand le vrai est trop violent pour moi. C'est mon Xanax !

Mon père a les yeux rivés sur la route. Je reprends :

— Je pourrais aller voir la petite société d'imprimerie. Celle où je vais acheter du papier parfois. Si le patron veut bien que…

Mon vieux m'interrompt :

— D'accord. Si tu as un nouveau maître de stage, d'accord. Même s'il y a tes histoires de cinéma, il faut que tu aies un travail. Je veux que tu bosses avec tes mains. Que tu te confrontes à la vraie vie. Ton salaire, ce sera de garder les pieds sur terre.

Je n'ajoute rien de peur de rompre le charme. Et, dans la foulée, je fonce à Maîche, chez l'imprimeur. Il me connaît déjà mais, là en plus, il me reconnaît ! Et pour cause : il a imprimé des journaux sur lesquels ma tête était en photo en mode « le p'tit gars du coin qui joue chez Jugnot ». Il est ravi de mon enthousiasme et accepte de me prendre. La possibilité que je lui fasse faux bond de temps en temps ne l'ennuie pas non plus. Il comprend que je peux être appelé par mon agent – je n'en reviens toujours pas, j'ai un AGENT ! – pour un casting ou, plus fort encore, un tournage ! Il voit bien que je ne rêve pas de devenir le meilleur imprimeur de France.

Le lendemain matin, je préviens mon patron boulanger que, lui et moi, c'est terminé. Il s'en tape. Fin de l'histoire.

Reste maintenant la Maison familiale à mettre dans la boucle. Surprise, le directeur est emballé ! C'est même déstabilisant : il a un côté groupie ! Je veux changer de parcours métier ? « Aucun problème. » Mon agent exige que je sois joignable et je dois donc garder mon téléphone ? « Bien sûr. Et, pour ne pas rater un message, donne-lui ma ligne directe, comme ça, si tu n'es pas joignable, je te répercute l'appel ! » Je n'en reviens pas. Ça y est, les astres s'alignent enfin !

Le jour de la rentrée, j'ai l'impression de faire une arrivée façon film américain. Vous avez déjà vu ce genre de scène. Quand le lycéen ou la lycéenne pénètre dans l'établissement, au ralenti, que tout le monde se retourne sur son passage, que les gens tapent sur l'épaule de leurs voisins pour qu'ils n'en perdent pas une miette. Eh bien, l'entrée fracassante, je la vis en vrai. Mon aventure estivale a fait le tour du département. On sait que le Jouillerot a vraiment tourné avec Jugnot. Je bénéficie d'une aura que je n'avais jamais connue ! Deux, trois personnes un peu cool viennent me saluer.

Mais ça ne plaît pas à tout le monde. Ils sont toujours là. Ils m'ont toujours dans le nez. Et j'ai beau avoir gagné en assurance, voir leurs têtes me retourne le bide.

— Alors Jouillerot, c'est vrai que t'as gagné 20 balles sur le tournage ?

Je reprends les premiers coups d'épaule, leur petite habitude. Je ne réponds pas. Je pourrais leur expliquer tout ce que j'ai vécu, à quel point c'était génial. Mais Ils me saliraient tout ça. Ils ne s'en privent pas, d'ailleurs. Plusieurs fois, je retrouve des articles parlant de moi accrochés dans l'établissement. Ma tête est, au mieux, gribouillée, au pire, des dessins suggestifs y ont été ajoutés… Même ceux qui commençaient à m'apprécier se marrent.

— Ton film, c'est de la merde, me répètent-ils.

Bien sûr, ils ne l'ont pas vu pour la bonne raison qu'il n'est pas encore sorti… Mais à force de me l'entendre répéter, je recommence à douter. Ils en viennent aussi à pervertir mon histoire.

— Vous saviez, vous, qu'un autre gars avait été pris pour le rôle et qu'il s'est désisté au dernier moment ? Si, si, c'est pour ça qu'ils ont pris Jouillerot. Ils n'avaient aucune autre solution et ils ont eu pitié…

Six semaines… Six semaines au cours desquelles j'en viens à croire que la parenthèse enchantée ne débouchera sur rien. Six semaines à attendre que mon téléphone à clapet, payé avec mon cachet, sonne pour me délivrer. Alors, quand ça arrive enfin, je dois m'y prendre à trois fois pour décrocher tellement je suis tremblant.

Au bout du fil, mon agent m'annonce que je suis en lice pour le casting de la série *Famille d'accueil* et que je dois venir à Paris dans les plus brefs délais pour ces essais.

— Je vais appeler ton directeur et on va caler ça, me garantit-elle.

Ah. C'est un détail mais, autant mon nouveau patron est détendu sur la question, autant je ne sais pas de quoi il en retourne pour les cours…

Réponse inattendue du dirlo :

— J'en reviens pas d'avoir parlé à un agent ! m'avoue-t-il d'abord avec un grand sourire.

Définitivement, il a un côté groupie qui me fait le regarder différemment.

— Bon, la Maison familiale est là pour t'apprendre un métier. Comédien, c'est un métier. Donc, on n'a aucune raison de t'empêcher de passer un casting.

Le lendemain, mon beau-frère – encore lui – m'embarque vers Paris. Je passe les essais. Suis pris dans la foulée. Cette fois, ce ne sont pas sept jours de tournage mais vingt-quatre ! Et à Bordeaux ! Je vais jouer dans une série et donner la réplique à Virginie Lemoine, la comédienne que je regardais, enfant, chez Jacques Martin et que l'on a vue régulièrement à la télévision dans les émissions de Michel Drucker ! Encore un truc de dingue, ça !

Le tournage est pour bientôt. Mais je retourne en attendant à la Maison familiale. Sans aucune envie. J'en parle à mon père. Sa réaction me sidère.

— Bah, arrête alors.

J'en reste coi. Je suis même obligé de le raisonner.

— Non, mais calme-toi. Je ne peux pas arrêter comme ça !

— Si ça marche, oui. Je vois que c'est ce qui te plaît…

Alors, je passe un marché avec lui : j'ai, depuis, reçu un nouvel appel pour un casting. Si je suis pris pour ce troisième tournage, j'arrête la Maison familiale. Il faut juste que Jean Becker ait envie de me faire tourner dans *Effroyables jardins*. Si vous vous êtes un peu renseignés sur ma carrière, vous avez déjà un indice sur la suite de ces pages. Et cela a bien failli me coûter une sacrée dérouillée…

2

Toujours pas à ma place

Seize ans. Il m'aura fallu attendre seize années pour comprendre vraiment où est ma place. Le tournage de *Monsieur Batignole* m'a ouvert les yeux tout en conservant mes repères familiers avec un tournage à proximité de chez moi. Celui de *Famille d'accueil*, lui, me plonge dans le grand bain de l'indépendance totale. Je suis à Bordeaux pendant trois semaines. Tout seul. Le train pour Lyon, la navette pour l'aéroport, l'avion vers la Perle d'Aquitaine (oui, on ne se préoccupait pas beaucoup du bilan carbone à l'époque)… Pour le grand gamin que je suis encore à cette époque, celui qui n'a pas vraiment quitté les jupons de sa mère, c'est l'aventure conjuguée au stress ! Mais c'est tellement grisant et libérateur !

Moi qui n'avais connu qu'une nuit dans une chambre d'hôtel en bord d'autoroute auparavant, je suis logé dans l'établissement d'une grande chaîne et j'ai l'impression d'être dans un palace quinze étoiles ! Tout est démesuré à mon échelle. Les repas ! Le buffet du petit déjeuner, l'enveloppe quotidienne pour manger au restaurant le midi et le soir – autant dire que je n'utilisais pas tout et que la coquette somme a rempli le réfrigérateur de mes parents plusieurs fois ensuite ! –, les trajets avec chauffeur… Ça va être ça pendant trois semaines, du lundi au vendredi, avec une équipe aux petits soins et d'une bienveillance totale.

Virginie Lemoine, rôle principal de la série, tourne avec beaucoup de jeunes et se montre très disponible et protectrice. Je fais la connaissance de l'un des comédiens, cinq ans de plus que moi, qui reste aujourd'hui encore l'un de mes super potes ! Mon histoire me suit. Sur le plateau, tout le monde connaît mon entrée par effraction dans le monde du cinéma. La majorité s'en amuse, certains sont d'abord plus réticents et considèrent que je dois faire mes preuves, ce que je comprends tout à fait. Alors, je bosse. Mais je m'étonne moi-même tant j'assimile sans peine des pages et des pages de scénario !

Et l'argent rentre. Vite. Des sommes ahurissantes à mes yeux. Mes parents m'ont ouvert un compte. Contrairement à d'autres parents d'enfants acteurs, spoliés par leurs géniteurs, les miens ne sont pas grisés par les chiffres qui s'alignent sur le relevé et m'invitent à la modération. Mais, forcément, comme un gamin à qui on ouvre les portes d'un parc d'attractions, je m'emballe. Je m'offre, pêle-mêle, une caméra, une télé gigantesque pour ma chambre, une console de jeux… Et je fais plaisir à ma famille.

À ma sœur et mon beau-frère, je règle quelques mois de loyer pour les remercier de m'avoir accueilli longuement. À mes parents, je fais la surprise de changer complètement leur antique salon. La tête de mon père, le jour où il l'a découvert ! Je m'étais organisé pour que tout soit installé en son absence et que les vieux meubles plus que trentenaires soient laissés dehors pour qu'il les repère en arrivant. Il est entré, énervé de voir son vieux canapé sous la flotte, et est resté quelques secondes abasourdi devant le changement qui s'offrait à ses yeux. Il a mis du temps avant d'accepter et d'apprécier la surprise. Peut-être était-il un peu vexé que le plus jeune de ses fils lui fasse un cadeau de cette ampleur ? Ou craignait-il que je dilapide mon pécule ?

Toujours est-il que ces trois semaines sont dingues, rythmées par un tournage dynamique qui me fait entrer dans la peau d'un personnage plein de nuances, et des retours dans ma région chaque week-end où je savoure ma mue. Avec les multiples articles dans la presse quotidienne régionale et à la télévision locale, on me reconnaît parfois dans la rue. D'autant que la sortie du film approche.

Mais toutes les bonnes choses ont une fin. Je ne le sais que trop bien. Et, comme de coutume, *Famille d'accueil* dit « au revoir » à son invité de l'épisode au bout des vingt et un jours prévus. Retour à la Maison familiale.

— Tiens, la star est de retour !

Ils sont là. Supportent de moins en moins que je m'émancipe. L'écart se creuse de plus en plus. Les quolibets glissent sur moi. J'ai l'habitude. Mais je ne peux plus. Je ne veux plus. L'écart entre le Jouillerot « vicos » et le Damien comédien se creuse. Définitivement, je ne suis pas à ma place. Ils le savent. Ils me le font payer. J'ai eu la bêtise de ramener ma caméra récemment achetée. Elle ne passera pas la semaine. Volée. « L'opulence ne se montre pas », assènera mon père, philosophe, quand je lui raconterai le larcin dont j'ai été victime.

Les photos de moi, barbouillées et accompagnées d'insultes, continuent d'être affichées régulièrement. La « star » en prend pleine la tête. La « star » commence à vriller. Ce n'est plus possible de vivre ça. Je n'y arrive plus. Pour la première fois, je mets un nom sur ce que je vis : c'est de la maltraitance. Je n'ai pas le mot « harcèlement scolaire » à la bouche, et ce n'est pas encore très médiatisé. Mais rien de tout cela n'est normal. Je veux juste être heureux, moi. Tout cela doit s'arrêter. Vite. Très vite. Parce que sinon il va y avoir un drame. Je vais faire une connerie. Je vais finir par en planter un. Mes articulations blanchissent tant je serre ma fourchette entre mes doigts en tentant de contenir la violence qui explose dans ma tête. Car même si mon passé de victime pourrait plaider en ma faveur dans un procès d'assises, je n'ai pas envie de passer de la « vicos » au statut d'agresseur. Mais, parfois, dans ma tête, tout cela se termine dans un bain de sang. Longtemps j'ai imaginé que c'était le mien qui coulait. Désormais, je veux qu'Ils crèvent.

3

La goutte d'eau

Pourtant, Ils ne seront pas la cause de mon premier gros pétage de câble. Ils n'en seront que les témoins. Cela survient quelques jours après la fin du tournage de *Famille d'accueil*. Je suis de retour à la Maison familiale et je ne peux pas dire que la joie se lit sur mon visage. Mais je serre les dents et fais le dos rond face aux agressions dont je suis coutumier. Depuis toutes ces années, « Résilience » est devenu mon deuxième prénom. Je bous mais tâche de ne rien leur montrer.

Pourtant, un jour, je vrille. Pas à cause d'un autre élève mais à cause d'un professeur. La plupart étaient, au mieux cordiaux ou, au pire, pas vraiment intéressés par leur public ni par la vie dans l'établissement. Mais il y en a un qui ne m'apprécie pas du tout. Il cumule la double casquette étonnante de prof de mathématiques et de prof de… sport ! Deux matières dans lesquelles je ne suis pas le plus brillant, ce qui ne participe pas d'une parfaite entente entre nous deux. Mais il s'amuse aussi de me savoir malmené par les autres et n'hésite pas à m'afficher devant tout le monde pendant les cours. Notamment au sujet de ma taille. Il a pour habitude de m'envoyer au tableau après l'avoir surélevé, m'empêchant ainsi d'écrire normalement pour faire marrer les autres.

Ce jour-là, comme de coutume, il commence à m'enchaîner alors que je sèche sur un exercice devant un tableau beaucoup trop haut pour moi. Il se moque de mes résultats et de mon rapport au cinéma.

— Dis donc, la vedette. Va peut-être falloir que tu te mettes à faire quelque chose de ton cerveau parce que ce n'est pas avec ta pauvre histoire de cinéma que tu vas te trouver du boulot. Et vu tes résultats en cours, ton avenir sent le chômage…

Ils rient tous. Ça le renforce. Il enchaîne, continue de me rabaisser, galvanisé par leurs rires… Mes articulations blanchissent tellement je serre les poings. *Retiens-toi, Damien, retiens-toi…* Mais je n'y arrive plus. La soupape de sécurité explose alors que les élèves, goguenards, s'esclaffent devant le prof humoriste en carton.

— Vous me faites chier !

Je hurle. Sidération. Silence. Tout le monde est abasourdi. Le prof. La classe. Moi.

— Dis donc, Damien, tu vas…

— Fermez-la, je…

La politesse m'oblige à ne pas détailler outre mesure la teneur de ce que je lui ai dit ensuite. Mais il y avait des insultes plutôt primaires balancées dans un cri primal. Le tout accompagné de jets d'objets en tout genre, entre équerre, compas, stylos, cahiers, et poubelle qui vole.

Lorsque la pression retombe, je me rends bien compte que j'ai sans doute dépassé les bornes.

— Bureau du proviseur. Tout de suite !

Un conseil de discipline est programmé en fin de journée. Je vais avoir des problèmes. L'exclusion me pend au nez. Avec le recul, je ne sais pas si je la cherche parce que j'ai peur de me lancer vers l'inconnu ou pas mais, à ce moment-là, elle me file les jetons.

Je vois mon père débarquer en trombe une vingtaine de minutes avant l'heure H. J'ai beau savoir que je suis la victime depuis des années de tout cela, je sais aussi que mon coup d'éclat ne va pas passer crème…

17 heures. Mon procès commence. Je retrouve mon père, brièvement informé, le prof de maths/sport et le proviseur. Mon père semble énervé, mais impossible de savoir si c'est contre moi ou contre tout ce que je subis et dont il semble prendre conscience. Il est vrai que depuis l'épisode où il est venu secouer un gamin devant mon école parce qu'il m'avait fait du mal – me

collant finalement une image de poule mouillée et, par conséquent, m'enfonçant un peu plus dans le rôle de la victime –, je ne lui ai plus jamais parlé de ce que je vivais à l'extérieur.

Exposé rapide des faits. Le proviseur m'a plutôt à la bonne, de ce côté-là, je suis verni. Mais le professeur agressé, lui, l'a mauvaise.

— Non mais, il faut se rendre à l'évidence. Damien, on n'en fera rien. Il est stupide. Alors, en ce moment, il a son truc de vedette mais ça n'ira pas plus loin. Il serait temps qu'il apprenne un vrai métier maintenant.

Etc., etc.

Mon père est un taiseux. Il laisse, poli, l'enseignant vomir sa bile sur moi. Mais lorsque le silence se fait, il prend la parole. Qu'on me punisse parce que j'ai eu un comportement inapproprié, il peut l'entendre et même l'encourager.

— Mais de là à traiter un jeune de « stupide », il y a une grande différence, attaque-t-il, énervé comme rarement. Il y a des gens intelligents qui ne sont pas cultivés et inversement. Il y a des gens qui sont faits pour l'école et d'autres, non. Il y a des professeurs pédagogues et il y a vous !

Il ne le laisse pas reprendre, mon père, et continue sur le respect, la valeur travail… L'éducateur ne moufte pas. L'échange dure une heure. L'instructeur veut ma tête. Le directeur conclut :

— Damien, ce que tu as fait aujourd'hui, ce n'est pas acceptable. Je ne vais pas te renvoyer définitivement mais tu vas être exclu quelques jours.

Scandale pour le prof outragé qui, « puisque c'est comme ça », refuse de me revoir dans une de ses classes. Dont acte, à partir de ce jour, je serai en TD pendant ses heures.

On me donne enfin la parole. Je déballe tout. Le harcèlement, l'urine sur mes affaires, les insultes, les violences…

— Damien, tu nous as raconté que tu avais eu des soucis, mais pas de cette ampleur. Tu aurais dû nous dire.

J'explique la honte, les regards qui se détournent, les professeurs qui minimisent, voire qui en rajoutent… Combien d'élèves aujourd'hui encore connaissent cela ? Combien sont-ils à appeler à l'aide sans qu'on leur tende la main parce que « oh, ce n'est rien, ce sont des trucs de gamins, ça va passer » ? J'ouvre les vannes. Je ne veux plus de ça. J'ai trop goûté au bonheur pour ne plus accepter de morfler comme ça, tout le temps. Je veux que les belles choses continuent. Ce grand déballage me fait du bien mais il ne me guérit pas.

— Damien, tu veux… partir ? interroge le responsable de l'établissement, qui semble tomber des nues.

Il m'ouvre la porte, sans animosité, vers un nouveau destin.

— Je vais finir l'année. Mais si je suis pris pour un autre film, oui, j'arrêterai.

Dans la voiture, mon père me fait part de son étonnement face à mon refus de quitter l'institution sur-le-champ.

Nous sommes en février 2002. *Monsieur Batignole* va bientôt sortir. Je suis invité pour certains événements promotionnels. Je sais que je peux serrer les dents encore quelques mois. Et il y a peut-être un peu de syndrome de Stockholm dans tout ça…

4

La tête dans les étoiles

C'est le grand jour ! Nous sommes en mars 2002 et je vais pouvoir découvrir *Monsieur Batignole* sur grand écran ! Gérard Jugnot a tenu à ce que la tournée d'avant-première passe par Besançon pour honorer son tournage dans la région. La presse locale est en émoi. Je suis à nouveau au centre de l'attention en tant que local de l'étape ! La pression monte alors que l'heure de projection approche. Je dois retrouver Gérard et une bonne partie de l'équipe pour présenter le long-métrage aux spectateurs.

Nous entrons dans la lumière, les applaudissements me semblent faire trembler la salle ; ou bien sont-ce mes os qui tremblent de trac ? Me voici devant une salle comble exaltée qui applaudit à tout rompre ! On ne peut pas vraiment dire que j'ai l'habitude de ce genre d'ambiance ! Je ne suis pas dupe, ils ne sont pas là pour mon nom, évidemment. C'est Gérard la grande star de la soirée et c'est bien normal ! Mais vivre ça dans son ombre, même si c'est de manière infinitésimale, je le prends un peu pour moi aussi. Quelle jubilation ! Quelle extase, cette euphorie. Être regardé non pas comme quelqu'un qui va s'en prendre une mais avec autant de bienveillance, de sourires, d'envie même, un peu, ça me fait tout drôle.

Le film commence, je vais enfin le voir. Me voir. Je suis assis avec l'équipe, dans la salle. Je capte le pouls du public, j'essaie d'analyser ce qu'il aime, ce qui fonctionne, pourquoi ça fonctionne. Je découvre tout ce qui a été tourné sans moi, vois déjà quelques scènes pour lesquelles j'ai pu assister au tournage. C'est étrange de considérer le delta qui existe entre ce que l'on observe se créer sous nos yeux et le résultat. Je prends une leçon accélérée de cinéma et c'est une nouvelle claque pour moi.

L'histoire se poursuit. J'ai l'impression qu'elle va se terminer et que je ne suis pas dedans. Il est vrai que j'apparais tard dans le scénario. J'ai hâte et, dans le même temps, je commence à flipper sérieusement. Purée, ils sont tous bons là-dedans, mon arrivée à l'écran va faire tache ! Je me mets franchement à douter. J'ai l'impression que lorsque je vais apparaître, l'ambiance va se glacer, que l'on va s'apercevoir que je n'ai rien à faire là, que c'était une erreur. Que je suis un imposteur. À mesure que les péripéties mènent les protagonistes vers ma région, je me ratatine dans mon siège… Trop tard pour reculer ou pour m'enfuir, je reconnais le décor. Damien dans 5, 4, 3, 2, 1…

Mon arrivée sur l'écran géant de la salle principale du multiplexe est saluée par quelques applaudissements pour l'enfant du pays ! Je joue à domicile, l'histoire de mon casting a été maintes fois reprise par les journaux locaux, aidant modestement à la promotion du film dans ma région, alors, oui, on reconnaît le gamin du cru qui a tant plu au réalisateur. J'entends des gens rire de mes répliques et de mon accent qui sonne vrai car c'est encore le mien alors. Je vois que je ne coule pas complètement le film à chacune de mes apparitions. Je sens que les spectateurs ne quittent pas la salle par ma faute. Je sens des larmes de joie humidifier ma rétine. Et quand le générique de fin commence et que le film reçoit une *standing ovation*, que nous sommes appelés devant l'écran et que les applaudissements redoublent d'intensité, mes peurs d'être rejeté s'envolent. Comme moi dans quelques heures…

En attendant, Gérard Jugnot signe des autographes à s'en faire mal au poignet. Les gens sont dithyrambiques. Ils ont aimé. Son personnage, son histoire, le choix des enfants… Le réalisateur et scénariste peut enfin arrêter de se ronger les sangs : son film, qui reste aujourd'hui l'un des mètres étalons de sa carrière, va vivre et a une chance de trouver son public. On vient aussi me saluer, me demander de signer une place de cinéma, une affiche, un carnet, voire un article de *L'Est républicain* ! Je vois même quelques personnes de la Maison familiale…

C'est l'euphorie, qui va se prolonger dans un petit restaurant prêt à nous accueillir post-première.

— Je vais devoir y aller, Gérard, demain, je dois prendre le train pour Paris, pour un casting. J'ai été contacté pour un film de Jean Becker.

Gérard Jugnot, qui est en train de saluer et de remercier l'équipe du cinéma pour l'organisation impeccable de la projection, se tourne vers moi, surpris.

— Bah, moi aussi je rentre à Paris demain !

— Ah, tu prends quel train ? je lui demande innocemment.

Il explose de rire.

— Non, Damien, je ne prends pas le train. On m'affrète un jet. Et, si tu veux, il me reste de la place !

La production d'une grande chaîne a en effet booké Gérard pour qu'il participe à un jeu en direct et s'assure sa présence en mettant rien moins qu'un avion à sa disposition.

Je parle à mes parents de cette proposition. Ils connaissent Gérard et Élisabeth Commelin, comme toujours d'accord pour m'accueillir, et savent aussi que je m'autonomise de plus en plus ; alors, ils acceptent de me laisser partir par les airs le lendemain.

Moi qui n'ai alors jamais pris l'avion, je suis hyper-impressionné en arrivant le lendemain matin à l'aérodrome. Qu'est-ce que c'est que cette vie ? J'embarque en VIP. Le vol dure une cinquantaine de minutes à peine, Gérard exulte après la projection de la veille. Il raconte des anecdotes de l'époque du Splendid, on rigole beaucoup, tout le monde est sur un petit nuage. J'ai même le droit de m'asseoir quelques instants à la place du pilote et de tenir le manche !

— Tu sais, Damien, si le film marche bien, il y a des choses qui vont changer pour toi, me prévient Gérard alors que l'on vient d'atterrir.

Il s'est organisé pour que l'on m'amène passer mes essais et a vu avec Élisabeth pour que je rejoigne tout le monde à la soirée « chiffres » prévue le lendemain : nous serons le mercredi, jour des sorties, *Monsieur Batignole* sera à l'affiche dans toute la France et il est de coutume, notamment pour une grosse sortie, d'extrapoler les chiffres de la première séance du matin d'un cinéma parisien pour savoir si l'œuvre sera un succès ou pas.

Après m'être rendu à mon rendez-vous avec les assistants de Jean Becker, qui me laisse avec un simple : « On vous rappellera », je retrouve donc tout le monde pour la fameuse soirée. Et elle est loin d'être terne !

La première séance est de bon augure pour l'avenir du film – il approchera 1,5 million d'entrées en fin de carrière, ce qui est très, très bien ! – et la pression retombe. Je rencontre Dominique Farrugia et vois passer plein de personnalités qui viennent trinquer au succès de Gérard. Je revois presque toute l'équipe. La soirée est folle. Tout est fou. La Maison familiale, mon exclusion, ce qu'Ils me font vivre… Tout cela semble être la vie d'un autre.

5

Encore un peu plus près des étoiles

Paradoxalement, cette exclusion est vraiment tombée à pic. Car dans les jours qui suivent mon retour de cette folle virée parisienne, je suis appelé par l'assistante de Jean Becker pour passer de nouveaux essais. Ma vidéo a été retenue et le cinéaste veut me voir. Direction Paris, à nouveau. Cette fois, mon père décide de m'accompagner. C'est sa première virée parisienne. Je crois qu'il a envie de passer un peu de temps avec moi. Et de voir l'envers du décor, ce qui me meut dans tout ça.

Nous voici donc à la capitale, reçus dans les locaux de la société de production. Mon père me laisse à l'entrée de la salle de casting. Jean Becker et son éternelle moustache sont déjà installés. Il salue mon paternel puis me fait passer des essais sur un extrait du scénario.

Ça se déroule correctement mais sans effusion. Puis, alors que la session se termine et que je m'apprête à sortir, Jean Becker m'interpelle :

— Et tu l'aimes, ton père ?

Je suis surpris un quart de seconde et lui réponds, avec « un sourire taquin », me dira-t-il plus tard :

— Bah, oui, faut bien !

Je ne comprends pas trop la question sur le moment. Je retrouve mon père, justement, et nous quittons les locaux. Dans ma tête, le rôle me passe sous le nez. Pourtant, nous n'avons pas fait trois cents mètres que mon portable sonne :

— Damien, rebonjour. M. Becker voudrait vous prendre pour son film…

Ma joie explose en pleine rue ! Choisi. Je suis à nouveau choisi. À nouveau, je ne sais pas ce qui a pu plaire mais je sais juste que j'ai le rôle. Et que, grâce à ça, je vais rencontrer Thierry Lhermitte – après le « Bronzé » Jugnot ! – et, surtout, Jacques Villeret ! Je suis de la génération qui connaît *Le Dîner de cons* par cœur ! Alors si on m'avait dit un jour que je rencontrerais François Pignon ! Mieux, que je jouerais à ses côtés ! J'ai regardé un nombre incalculable de fois *Les Frères Pétard*, j'adore *Un crime au paradis*… Et je le tutoie, là, le paradis !

Deux jours plus tard, je le rencontre pour une lecture. Il arrive, casquette gavroche sur la tête, clope au bec… Gentil comme tout et timide alors que je suis mille fois plus intimidé que lui. La lecture commence. Au bout de cinq minutes, je le vois faire signe à Jean Becker. Je viens d'être adoubé par Jacques Villeret ! Après avoir vu ça, je peux mourir tranquille… Enfin, le plus tard possible, mais je peux, pour paraphraser Thierry Roland !

Le tournage est calé, je vais être sur le plateau huit ou neuf jours. Je suis supposé, dans la première version, incarner Gérard Depardieu jeune. Problème d'emploi du temps, ça ne se fera pas et le rôle de Depardieu est supprimé, avortant ainsi ma rencontre avec ce monstre sacré du cinéma. Partie remise, on y reviendra…

6

L'honneur au bout du doigt

Mais, en attendant, la vie reprend son cours. Et les cours reprennent aussi. Ma peine est purgée, retour à la Maison. Je reviens un mercredi soir. Non. Je crois que ça ne va pas être possible. La veille, je suis avec Jacques Villeret, je suis sur un petit nuage, on me parle de scénario, de tournage, de psychologie des personnages… Quelques jours auparavant, je suis dans un avion privé, je passe une soirée avec des comédiens que j'admire dans une fête grandiose… Et là, dans ce dortoir, je me rends compte que tout ça, tout ce qui m'entoure ce soir-là, m'emmerde désormais profondément.

Il me reste une unité sur ma carte téléphonique. J'appelle chez moi. Je me confie à mon père. C'est clair dans ma tête : je veux arrêter. Je lui demande de venir me chercher le lendemain midi, de m'attendre devant l'établissement, moteur allumé. J'insiste :

— Moteur allumé.

Je raccroche et me couche tôt. Demain est un autre jour.

Il commence dans le bureau du principal à qui j'annonce mon départ. La seule chose qu'il me dit, c'est qu'il ne comprend pas pourquoi je ne suis pas parti plus tôt.

Je suis supposé commencer par une heure de maths, donc je la passe en permanence au regard de mon passif. À 11 heures commence donc ma dernière leçon. Technologie. Ils sont là, heureux de me retrouver, à en juger par les vannes sur la « star ». Ça ne m'atteint plus. Dans 3 600 secondes, Ils seront de l'histoire ancienne.

Midi moins 4. Je vois la voiture de mon père dans la rue. Il est à peu près là où j'espérais qu'il serait. J'ai préparé mes affaires, tout est prêt pour partir. Alors que le professeur va donner des devoirs à faire, je me lève et lui annonce que je dois parler à la classe. Sans attendre sa réponse, je me dirige vers le tableau, lâche mes affaires à mes pieds et me lance.

— Voilà, je voulais vous dire que je ne terminerais pas l'année avec vous car je repars pour un tournage…

— Mytho ! me balance un des anciens de la Clipa.

Je ne relève pas.

— Je voulais vous dire, avant de vous quitter, à quel point j'ai détesté être avec vous. Et si vous voulez m'en mettre une dernière, c'est le moment parce qu'après, vous ne me toucherez plus.

J'achève ma saillie par un double doigt d'honneur fièrement pointé vers eux, chope mes affaires et me barre en courant !

La sidération ne dure que quelques secondes.

— Chopez-le !

Ils se lancent à ma poursuite. J'ai quelques secondes d'avance, suffisantes, mais ça ne tiendra pas longtemps... Je me rapproche de la voiture dont le moteur est coupé ! Je hurle à l'attention de mon père :

— Démarre ! Démarre !

Il voit le boxon, fout le contact – j'ai eu ma période Van Damme aussi –, et je me jette dans la voiture avec mes affaires. Il quitte son stationnement alors que deux mecs arrivent à la hauteur de la vitre passager. Trop tard pour eux, j'entends à peine leurs insultes...

Je suis en sueur, rouge et essoufflé. Mon père m'interroge. Je souris. J'ai l'impression d'avoir enfin pris la meilleure décision de mon existence. Et d'avoir réussi ma sortie en me la faisant façon ciné. C'est la fin de tout ça. Ils ne viendront plus me pourrir la vie. Ils ne pourront plus me faire de mal. *Dans tes rêves, Damien, dans tes rêves...*

7

Mauvaises influences

Libéré, délivré… Je n'y retournerais plus jamais ! La Maison familiale, c'est fini pour moi. Pas vraiment le temps – ni l'envie ! – de m'appesantir : le tournage d'*Effroyables jardins* va commencer. Direction Pélussin, au sud de Lyon, pour neuf jours de tournage aux côtés du mythique Jacques Villeret et d'acteurs de renom, dont Thierry Lhermitte et André Dussollier. Dans mes pas marche une équipe de tournage d'un documentaire pour une émission de Jean-Luc Delarue dont le thème est *Comment élever un enfant « hors normes » ?*… Un jeune tennisman hyper-talentueux, un prodige de la musique, un petit génie et moi, donc, dans la catégorie jeune acteur qui monte…

C'est mon agent qui a eu vent de ce projet télé et qui a poussé mon dossier en me disant : « Ça va faire du bien à ta notoriété naissante. Cela peut t'aider à te faire connaître et à décrocher des rôles. » C'est son métier de savoir ces choses-là, je donne mon accord ; mes parents et Jean Becker aussi.

Me voici donc suivi par cette petite équipe qui mène au passage quelques interviews de personnes de mon entourage. Lorsque j'ai revu les images, quelques années après, je me suis détesté. Je surjoue le côté « cool », je vanne, j'en fais des caisses… J'ai envie de me mettre des baffes ! Je me suis affranchi de mes années de brimades et de roustes et, sans m'en rendre compte, je commence à utiliser les codes que j'exècre : je casse pour faire rire sans me préoccuper de l'effet dévastateur que cela peut avoir pour la personne en face. De cible, je passe à sniper. À un technicien qui se traîne, je balance un tonitruant : « Allez, hop, t'es viré ! » juste parce que ça m'amuse. Je m'aperçois que j'ai de l'humour, que je peux faire rire. Mais je ne sais pas m'arrêter. Je vais trop loin. Je ne me rends pas compte que ces petites phrases, anodines mais répétées, inquiètent et blessent parfois. Que, contrairement à moi qui suis dans un cocon, les postes techniques sont beaucoup plus rudes. Et que ceux qui les occupent – les régisseurs, l'équipe machiniste, les scripts, les maquilleurs… – sont toujours sur le fil. Contrairement aux comédiens plus difficiles à dégager, eux sont sur un siège éjectable en permanence.

Je ne me rends pas compte que je prends le style de ceux que je haïssais. Détestable, oui. Les tournages, le reportage sur ma petite personne… Tout cela arrive vite et fort… Je me retrouve en position de force, je n'ai pas l'habitude. D'autant que, quand je rentre chez moi, on me regarde différemment maintenant. L'un de ceux qui se plaisaient à me victimiser aimerait même désormais traîner avec moi. Soyons honnêtes, entre ça et mon jeune âge, je crois que je prends un peu le melon ! Quand t'as rien et que tout arrive, le risque, c'est de te cramer ! Et sans m'en apercevoir, je me rapproche du soleil…

Il faut attendre la fin de ce tournage pour que je me remette sérieusement en question. Je n'ai pas encore beaucoup d'expérience dans le métier mais, dès *Monsieur Batignole*, j'ai pris l'habitude de faire signer mon scénario aux personnes rencontrées sur le tournage. Et, alors que nous tournons *Effroyables jardins*, je retrouve un technicien qui travaillait sur le film de Gérard Jugnot. Il me dédicace mon exemplaire et ajoute un mot :

— S'il te plaît, Damien, n'en fais pas trop !

Je bloque en lisant cette phrase. Je me vexe même. Je vis ma meilleure vie et ce rabat-joie vient me la jouer donneur de leçons ? Eh bien, merci ! Sincèrement, un grand merci à lui ! Car cela a été un électrochoc. Peut-être que si personne n'avait compris que cette image, ce n'était pas moi, je me serais enfermé dans ce rôle qui ne me correspond pas. J'étais à deux doigts de basculer du côté du harceleur. Dans un autre contexte, d'accord ; mais quand même, je pouvais devenir celui qui blesse, qui abîme.

Ce cahier avec ce mot, il m'a suivi dans tous mes déménagements et reste toujours à portée de main dans ma bibliothèque. Il me remet les pieds sur terre et m'a permis de ne pas vriller. Ça, et le fait de côtoyer un grand monsieur durant ce tournage et le suivant, *Malabar Princess* : Jacques Villeret.

8

Un grand monsieur derrière le petit homme

Il paraît qu'il ne faut jamais rencontrer ses idoles. J'aurais tendance à dire l'inverse. Après Gérard Jugnot, je fais la connaissance de l'humilité, de la timidité et de la gentillesse incarnées. Ah c'est sûr, quand on le voit dans *Le Dîner de cons* ou dans *Les Frères Pétard*, il ne paye pas de mine. Rondouillard, des grands yeux naïfs, l'air parfois absent… Je partage ceci avec lui : je sais que ni lui ni moi n'aurions été choisis pour le rôle de James Bond. Mais quel grand monsieur que ce Jacques Villeret !

Lorsque j'arrive sur le plateau d'*Effroyables jardins*, je suis le plus jeune. La femme de Jacques, une personne elle aussi adorable, ne comprend pas qu'un gamin soit lâché comme ça loin de chez lui et s'occupe de moi, s'assurant que je ne manque de rien et que je ne sois pas mis de côté. Jacques aussi me prend sous son aile. Le contact a été bref pendant les essais mais il semble m'apprécier. Tant mieux, je joue son fils dans le film.

Ce n'est pas un grand causeur et il lutte contre ses démons éthyliques. C'est de notoriété publique pour ne pas dire d'ébriété publique… Un « garde du corps » l'accompagne en permanence lors de ses sorties. Moins pour éviter que Jacques ne soit agressé – les gens sont plutôt souriants avec lui – que pour le protéger de lui-même. Jacques aime bien donner des surnoms. Pour moi, c'est le Surdoué. Il a apprécié ce que j'ai donné au réalisateur lors de notre rencontre et, honneur suprême, trouve que je bosse bien. Il me regarde évoluer sur ce tournage, me distille quelques conseils avec bienveillance, toujours. Dont un qui peut paraître incongru quand on connaît le personnage :

— Ne picole pas quand tu tournes !

Dans son regard, on voit qu'il en a bavé. Son histoire n'est pas secrète. Ses fêlures l'ont construit. Modestement, je me projette dans ce qu'il incarne. Et son rapport à l'alcool me touche d'autant plus que j'ai vu mon frère s'abîmer avec la tisane.

Aux côtés de ce cabossé de la vie, j'apprends énormément. Et j'ai la chance d'enchaîner peu après sur un autre tournage avec lui. Celui de *Malabar Princess*, donc. En le voyant évoluer, je m'aperçois qu'il fait partie de ces acteurs qui dégagent quelque chose de fort. Il y a à manger dans ses prestations. C'est un besogneux qui, sur le tournage, ne se sépare jamais de son scénario : « Tu te dois de connaître ton texte sur le bout des doigts pour laisser la place au jeu », me répète-t-il. Et pour appuyer son propos, il montre qu'il est capable de déverser toutes ses répliques, mais aussi celles de ses partenaires.

Il vit pas loin des Champs-Élysées. Moi, le gamin de Franche-Comté, je me retrouve invité une paire de fois dans ce bel appartement où sa femme et lui font en sorte que je me sente chez moi. Et lorsque l'on tourne, il s'arrange pour que je ne sois jamais mis de côté. On discute de cinéma, il me parle de technique, me raconte des anecdotes. Un jour, on en vient à évoquer la musique :

— Johnny, mais c'est un truc de ringard, ça ! je lui balance en me marrant.

Un peu plus tard, alors que le réalisateur annonce la fin de journée, Jacques vient me voir, l'œil malicieux :

— Active-toi, gamin. On va voir le Ringard !

On tourne à Chamonix et le Taulier joue ce soir-là chez les Helvètes. Direction Genève avec lui, Michèle Laroque et Hugues Aufray ! On est accueillis en VIP par l'équipe de Johnny qui s'apprête à entrer sur scène. Et à me faire ravaler mes sarcasmes. Cette énergie phénoménale, ce charisme de fou, cette incandescence sur les planches ! Que l'on aime ou pas ses chansons, il est impossible de résister à l'aura de Johnny face au public. Je n'en perds pas une miette. Jacques me surveille du coin de l'œil, ravi de son petit effet.

Je suis encore étourdi par la prestation scénique et cette euphorie qui a emporté la salle quand il me tire par la manche. On file vers un restaurant genevois, dîner avec Johnny ! Nous sommes déjà installés depuis un moment quand il fait son entrée, précédé par sa femme, Laeticia ; elle salue tout le monde. Quand vient mon tour, elle s'exclame à l'attention de son mari :

— Oh, regarde, c'est le petit de Batignole !

Johnny quitte un instant sa conversation pour me regarder et me faire un petit signe, le pouce levé en mode : « Ouais, c'est cool ! » Je suis sur un nuage.

— On a beaucoup aimé ce film, continue Laeticia, adorable avec tout le monde.

Je vis une soirée folle. La grande tablée festive pète l'équivalent du PIB de la Gambie en alcool ! Je détonne dans le décor, ce qui finit par attirer l'attention de Johnny.

— Eh, c'est le Che sur ton tee-shirt, me lance-t-il.

— Non, non, c'est Bono, de U2, je lui réponds en rigolant.

Il se tourne, amusé, vers Jacques :

— Il est pas un peu con, le gamin ?

On se marre. Mais, globalement, je reste spectateur de cette soirée dingue. Je n'ai pas conscience de ce qui m'arrive. Ou plutôt, si, je n'ai que trop conscience de ce que je vis !

Le lendemain, nous voici de retour sur le tournage. Malgré les excès de la veille, Jacques Villeret est au rendez-vous. Grand professionnel, il respecte trop chaque maillon de la chaîne pour mettre en difficulté l'équipe. Le genre d'attention qui fait qu'on le respecte. Même si on connaît bien son problème d'alcool. Tellement qu'il en perd sa crédibilité. J'ai d'ailleurs assisté à une scène surréaliste.

Un jour que nous faisons une pause, à discuter loin du plateau perdu dans les montagnes, une voiture s'arrête à notre niveau. Et, le truc totalement improbable, c'est que le conducteur n'est autre que… Jack Nicholson ! Oui, oui, *Vol au-dessus d'un nid de coucou*, le Joker du premier Batman, et j'en passe ! Cela dure quoi… ? Vingt secondes, trente secondes ? Mais Jacques et Jack ont échangé deux, trois mots et l'Américain repart comme il est venu. Sauf qu'ensuite, personne ne veut croire Jacques. Tout le monde est persuadé que l'alcool lui a joué des tours, qu'il affabule comme il le fait parfois avec quelques grammes dans le sang… J'ai été témoin de la scène et cela convainc finalement les plus sceptiques ; sans cela, l'échange improbable serait resté à l'état de bobard d'ivrogne.

C'est sans doute grâce à l'expérience de Jacques Villeret que j'ai pu éviter de basculer totalement quand mes démons de jeunesse m'ont rattrapé quelques années plus tard. Car il a été un phare pour moi. Il a été l'un des premiers à m'appeler quand j'ai appris que j'étais nommé aux César.

— C'est bien, c'est bien. Mais ne t'enflamme pas, hein ? m'a-t-il fait promettre.

Quelques jours après, il s'éteignait. Je me suis rendu à l'inhumation. Tout le monde était là. André Dussollier, rencontré sur *Effroyables jardins*, sait le lien particulier qui s'était noué entre nous.

— On vient de perdre une personne que l'on aimait beaucoup tous les deux, m'a-t-il glissé, les yeux rougis par l'émotion.

J'ai alors pensé à cette réplique du film : « Mon père était le plus triste des clowns tristes. » Cela aurait pu être son épitaphe.

9

Mon passé sur pellicule

« Ne t'enflamme pas, hein ? »

Tu as raison Jacques. J'ai toutes les raisons de m'enflammer à cette période de ma vie. Je reste auréolé du joli succès de *Monsieur Batignole*, mes prestations suivantes sont remarquées par la profession, je tourne avec des monuments du cinéma… Je me retrouve ainsi à partager l'affiche de *RRRrrrr !!!* avec Alain Chabat et Gérard Depardieu ! Jean-Paul Rouve a tenu sa promesse et m'a réservé un rôle sur la comédie des Robins des Bois ! Quelle folie que de côtoyer Depardieu. Tous les superlatifs, plus ou moins sympas, ont déjà été utilisés pour le caractériser. Mais oui, dans sa manière d'être, dans sa façon de jouer, dans son caractère, dans ses jeux de grand gamin potache et ogresque, il est, pour l'adolescent que je suis alors, une expérience phénoménale et explosive.

Tout s'accélère à ce moment de mon existence. Comme si le destin voulait rattraper mes années de plomb en me gavant de satisfactions. Je passe des castings, décroche des rôles, l'argent rentre. Je ne suis encore qu'un grand enfant, dans ma tête et physiquement, mais l'on me déroule le tapis rouge désormais. Quelle revanche ! Quelle jubilation ! Les violences, les agressions physiques et verbales, les moqueries… Tout cela me semble avoir été vécu par un autre. J'ai enfermé cette Cocotte-Minute prête à exploser dans un coffre en moi et enterré le tout au plus profond de mon être pour qu'Ils ne viennent plus me polluer. Ils peuvent s'en vouloir, Ils doivent m'envier, Ils doivent regretter de m'avoir fait subir tout ça. Mais Ils ne peuvent plus m'atteindre.

Du moins, c'est ce que j'osais croire. Je sens bien que tout n'est pas réglé dans ma tête. Que la bascule entre la victime et le bourreau n'est pas impossible, que certains de mes actes sont des réminiscences directes de ma vie passée pas si lointaine. Et cela va littéralement me péter à la gueule avec *Les Fautes d'orthographe*.

Ce film raconte l'histoire du réalisateur et scénariste Jean-Jacques Zilbermann. Il s'agit d'un zoom sur une période de sa jeunesse. Il est alors pensionnaire et pas forcément très populaire. Vous voyez la suite ? Oui, certains aspects du scénario résonnent fort chez moi. La directrice de casting de *Monsieur Batignole* m'a alors toujours en tête. Elle suggère mon nom pour le long-métrage de ce réalisateur qui a déjà tourné trois films : *Tout le monde n'a pas eu la chance d'avoir des parents communistes* – avec Josiane Balasko, le Splendid n'est décidément jamais très loin ! –, *Des feux mal éteints* et *L'homme est une femme comme les autres*. Je ne connais pas vraiment ce cinéaste mais dès que l'on m'évoque ce projet, j'ai la conviction sincère que je peux apporter quelque chose, insuffler une âme à ce rôle. Il y a quand même une scène durant laquelle des gars du dortoir viennent uriner sur la couverture de Daniel, le personnage principal. Alors, oui, je me découvre certains atomes crochus avec le rôle et je sais que je pourrais y mettre une belle sincérité.

On me positionne sur le casting. Je bosse comme un dingue avant de m'y rendre. Dans mes tripes, je le ressens, ce personnage.

Le jour dit, Jean-Jacques Zilbermann est présent. Je découvre un homme que je devine plein de névroses. J'arrive avec mon style un peu enfantin et un certain embonpoint… Je commence à peine qu'il m'interrompt.

— Non, mais, c'est-à-dire que… Je voyais un mec beau, un mec mince pour incarner Daniel et…

Le malaise est palpable. Je me lève, agacé. Vexé.

— OK. Eh bien, je vous laisse.

— Non, non, mais reste, voyons…

Je ne sais plus trop sur quel pied danser.

Le casting est une catastrophe. Dès que j'avance quelque chose, il recule sur d'autres points. Jean-Jacques passe son temps à me balancer des « non, mais », des « oui, mais »… Son hésitation m'insupporte. Je ne comprends plus ce qu'il attend, s'il me retient parce que je l'intéresse ou si c'est parce qu'il s'est senti impoli. Je subis ce temps passé alors que je suis convaincu, et tant pis si c'est présomptueux, que ce rôle est taillé pour MOI. Comme si tout m'y conduisait depuis ma naissance. Et je sens qu'il peut me faire évoluer en termes de carrière. Je ne pense pas aux César (et pourtant !) mais ce sont quarante scènes de tournage sur quarante et un, le personnage est de quasiment tous les plans et il y a matière à jouer, plusieurs registres à explorer. Pour le comédien en devenir que je suis, c'est un terrain hyper-séduisant !

Le désastre de cette rencontre prend fin. Enfin ! Je repars, animé de sentiments mitigés mais globalement négatif. Mélange de colère, de déception, d'énervement… Et convaincu que ce Massu sera interprété par un autre. Ça me bouffe ! Je retourne chez mon agent, où je squatte à ce moment-là. Quatre heures plus tard, elle reçoit un coup de fil. Jean-Jacques a été « troublé » par mes essais, lui dit-on. Ah, ce n'est pas qu'il me veut, il a d'autres acteurs à voir, mais, voilà, il fallait que j'en sois informé… Dont acte. Ça me fait une belle jambe, de l'avoir « troublé », moi. Mais ça ne me donne pas le rôle ! Je suis encore plus dégoûté…

Peu après, un autre appel.

— Damien, tu pourrais avoir le rôle mais il faudrait que tu perdes 25 kilos au moins ! Et que tu ne tournes pas entre-temps.

Je suis abasourdi. Le conditionnel pour… des conditions pareilles ?

— Non, je veux la certitude que je l'ai, ce rôle, pour donner mon accord !

Je veux bien être gentil mais non seulement l'injonction sur le poids est forte, mais j'ai décroché un rôle pour un film avec Guillaume Canet, Benoît Poelvoorde et Jean-Claude Van Damme – *Narco* – et je veux être sûr de ne pas être marron si je refuse ! C'est un deal. Étrange, d'accord, mais un deal quand même. Je passe à la pesée une première fois. Et me lance dans un parcours vers une perte de poids importante. Coup de chance, mon retard de croissance commence à se résorber. Je grandis un peu et, surtout, perds quelques kilos spontanément. En parallèle, je m'imprègne de mon personnage. Il est encore plus complexe que je ne l'imaginais. Je le travaille avec passion et abnégation. Ce Massu me tient à cœur, je ne veux pas le foirer. Je bosse ce rôle comme jamais auparavant. Il m'habite. Il me hante.

J'arrive sur le tournage, épuisé et éprouvé déjà. Les quarante jours qui se profilent, ce sont mes Jeux olympiques personnels. J'ai perdu pas mal de mes rondeurs. Physiquement et mentalement, j'attaque ces JO avec une courbe d'énergie qui a suivi celle de mes kilos fuyant... Puis, à force d'avoir lu, relu et rererelu ce scénario que je connais sur le bout des doigts, je repense à toutes ces années de lutte avec mes démons. Ils sont là, sur mon épaule, alors que je croyais m'en être débarrassé. Je ne suis pas le Damien que j'étais. Seule lueur de joie, je tombe assez vite amoureux d'une figurante qui semble aussi amourachée ! Mais, au détour d'un couloir, j'entends une conversation que je n'aurais pas dû capter. Elle discute avec une autre fille présente sur le tournage.

— Damien, non mais t'es sérieuse ? Tu crois quoi ? Mais t'as vu sa tronche ? C'est le premier rôle, ça peut toujours servir de l'avoir dans la poche, sinon je ne l'aurais même pas calculé !

Je suis comme un fou. Furieux, triste, loin de ma famille... Le jour même a lieu la soirée de milieu de tournage. Il y a une petite fête pour la culbute. Je descends une bouteille de whisky cul sec ou presque. Pour un gamin qui n'a, jusqu'ici, que trempé les lèvres dans quelques alcools sucrés et coupes de champagne, la réaction est violente.

Je me réveille le lendemain matin… chez mon agent ! Elle clope. J'ai mal au crâne. Elle a son air des mauvais jours.

— Café ?

Perdu et penaud – je n'ai aucun souvenir des dernières heures –, je prends la tasse qu'elle me tend d'autorité. Prends une gorgée. Un haut-le-cœur me retourne l'estomac. Elle l'a corsé au whisky.

— Tu veux jouer les grands, gamins ? Alors, joue, joue jusqu'au bout…

L'envie de pleurer m'étreint et m'étrangle. Je ne sais pas quoi dire.

Je n'avais jusqu'alors connu que de belles expériences et rencontré que des personnes de valeur lors de mes différentes participations aux films et aux séries. Là, je déchante. Je constate que le cinéma est un métier d'apparences, que tout le monde n'est pas là pour jouer collectif, que certains n'ont pas de scrupules et que l'on peut s'abîmer dans un rôle. C'est beaucoup à assimiler d'un coup pour mon petit cerveau naïf de gamin provincial. Mais c'est une sacrée descente.

Je présente mes excuses à mon agent, au réalisateur. Le tournage reprend. Je suis à fond dans le personnage. Je n'arrive pas à le quitter. Au quotidien, je deviens âpre avec les autres. Khalid, un acteur que j'apprécie, me balance un jour une phrase qui me remue :

— Je pensais que tu n'étais pas comme les autres, Damien…

Je vais trop loin. Je le sais. Mais j'ai du mal à changer de braquet.

J'ai adopté un comportement de diva qui me rend odieux : j'ai des exigences ridicules, je me plains de tout, tout le temps, sans me soucier des contraintes des autres… Je vais trop loin. Et, le pire, c'est que je m'en rends compte.

Dans un rôle, on met toujours un peu de soi. 10 %, 15 %… Cela reste du jeu. Une interprétation. Là, je fusionne avec Daniel. Il me pompe toute mon énergie ; et, quand ce n'est pas Daniel, Ils reviennent me voir. Ils nourrissent mon personnage. Cela faisait bientôt trois ans qu'Ils n'avaient plus d'emprise sur moi. Alors que je pensais les avoir laissés sur le bas-côté de mon histoire, Ils prennent leur revanche. Et je viens de leur dérouler le tapis rouge.

10

Vertige

Le tapis rouge, celui que je vais fouler dans quelques mois grâce à ce film.

Mais, avant cela, les projets s'enchaînent. Je renoue avec un amour de jeunesse : le théâtre ! Aux côtés de Niels Arestrup, j'interprète Nono dans *L'Homme, la Bête et la Vertu* au théâtre Montparnasse. Ces planches que je foulais en amateur, je les redécouvre avec un bagage de comédien désormais. Depuis le tournage des *Fautes*, je sens que j'ai gagné en technique, en efficacité. J'ai trois ans d'expérience dans les pattes ; c'est peu à l'échelle d'une vie. Mais je n'ai que 18 ans et je compte déjà quelques jolis projets sur mon CV. Professionnellement, les portes s'ouvrent bien plus qu'elles ne se ferment !

J'ai 18 ans, un appartement que je loue à Paris, dans le IXe, de l'argent pour vivre et faire plaisir à mes proches, des projets. Je bouffe des expositions, des films à foison – quelle claque quand Carole Bouquet me fait découvrir Bergman à la cinémathèque ! Mais ce spleen qui me colle à la peau depuis la fin du tournage des *Fautes* me ronge. Je n'arrive pas à quitter Daniel Massu, le personnage. Il m'a changé. Même mon accent s'estompe. Mais avec Daniel, Ils m'habitent aussi. Ce que j'ai ressorti de mon vécu pour le tournage ne veut plus retourner sagement dans sa boîte. Alors, je sors. Beaucoup. Je bois, trop. Je fume, pour m'échapper. Je l'ai trop investi, ce Daniel. Il n'aurait dû être qu'un pote sur le tournage. Il est devenu une partie de moi. Je n'arrive pas à me déshabiller de lui.

Je regarde par la fenêtre. Elle donne sur la rue Bleue. Si je tombe, là, je ne vais manquer à personne. Idées noires. Je n'ai pas réglé mes problèmes avec cette violence passée. Et les premières images du film qui me sont présentées m'y renvoient encore et encore.

Mon agenda ne cesse de se remplir. Je suis choisi pour tourner avec Michel Serrault et Michel Blanc – coucou le Splendid ! – dans une nouvelle adaptation de *L'Affaire Dominici*. Clin d'œil du destin, j'y reprends le rôle que Gérard Depardieu tenait quelques années auparavant. Je suis aussi invité chez Marc-Olivier Fogiel qui anime alors une émission avec Guy Carlier. C'est l'une des plus grosses audiences du moment et, clairement, on me fait comprendre que, si je me ramasse, ce n'est pas bon. Mais je fais le taf. Plutôt bien, même, si j'en crois les retombées : des demandes d'interview en pagaille ! La presse spécialisée cinéma brosse mon portrait, mon nom circule pour plein de projets, je suis baladé de voitures avec chauffeur en trains et de trains en avions… Je monte haut, vite, fort. Quand le film sort, tout est décuplé. Les critiques ne sont pas toutes excellentes ; mais globalement, quand il s'agit d'évoquer ma prestation, elles sont plutôt positives. « Ce qui habite l'enfant du film […], 15 ans, qui en paraît 13, gros lard binoclard à la puberté ingrate […], c'est la honte, la frustration, la souffrance, la violence ou l'hystérie, c'est-à-dire le malaise de la vie sans intimité », écrit un critique de cinéma dans *Libération* pour parler des *Fautes d'orthographe.* « Antihéros condamné à devenir adulte malgré lui, Damien Jouillerot est stupéfiant », clame *L'Obs*… « Le film est bon, mais alors l'acteur qui joue le rôle principal est tellement laid ! Faudrait qu'il se jette d'un balcon, c'est pas possible ! » : Internet n'a pas encore explosé mais déjà les amabilités circulent bien… Quand on n'est pas au mieux dans sa tête, lire ce genre de chose sur un forum, c'est un pousse-au-crime… Après le harcèlement, le cyberharcèlement ? On n'est pas à l'heure des réseaux sociaux à tous crins et de cette surexposition quotidienne, alors j'arrive encore à me préserver à peu près des *haters* que l'on n'appelle pas encore comme ça à cette époque.

Le film, lui, vit plutôt bien. Et c'est dans un train de nuit revenant du festival de Locarno, en Suisse, que le réalisateur reçoit un message. Il le lit et me regarde avec le sourire :

— Damien, tu es prénominé aux César !

Je savais que ce film pouvait m'emmener dans une autre dimension. Mais jamais je n'avais pensé aux César ! Je suis comme un dingue ! J'appelle mon agent dans la foulée. Elle me sèche rapidos.

— Damien, t'es mignon, mais t'as déjà été présélectionné pour *Effroyables jardins*, donc ça ne veut pas dire grand-chose, alors tu redescends, là !

Je n'avais jamais eu cette information ! Elle me balance ça avec le tact légendaire qui fait son charme et partie intégrante de son talent. Pour les amateurs de la série *Friends*, mon agent, c'est celle de Joey, en fait ! Mais, si ces propos me tempèrent, il y a tout de même un gros changement entre le cas d'*Effroyables jardins* et celui des *Fautes d'orthographe* : cette fois, la profession semble croire en mes chances puisque l'on vient m'en parler, on me congratule.

Dans ma tête, tout est scindé. D'un côté, il y a l'euphorie. De l'autre, le besoin d'apaiser les angoisses qui ne me lâchent plus. Fumette, éthylisme… Je m'enfonce de plus en plus. Je me fais croire que ça m'apaise. Mais, au mieux, ça m'anesthésie quelques heures. Quand je ne tourne pas ou quand je ne suis pas au théâtre, je me casse la tête. Je n'en suis pas à envisager la désintox non plus. Mais, sous des airs festifs, c'est une défonce récurrente… De celles qui vous laissent la bouche pâteuse et l'esprit vaseux le lendemain. Alors quand je me réveille ce matin-là, agacé par ce portable qui n'arrête pas de faire du bruit, et que je vois trente appels en absence, je n'ai pas vraiment la tête des grands jours. Je décroche, grommelle un « Allô » malaimable.

— Damien ? T'es là ? Je voulais te féliciter directement, je suis super heureuse pour toi ! Putain, t'es nommé aux César, quoi !

C'est Deborah Grall, une comédienne des *Fautes*, qui m'appelle.

— Ouais, ouais, c'est cool, merci !

Je raccroche et sombre à nouveau dans le sommeil.

Deux heures plus tard, je sursaute en ouvrant les yeux. Il s'est passé un truc, mais c'est flou. Je reprends mon téléphone. Des appels par paquets de dix, ma messagerie qui explose… Les nominations pour les César 2005 sont officielles : je suis dans la catégorie « Meilleur espoir masculin ».

Jacques Villeret m'appelle. Gérard Jugnot de même. Le sourire dans sa voix irradie au téléphone. Pour lui, je suis toujours l'apprenti boulanger pris dans les phares de sa voiture. Il est heureux pour moi. Lui aussi est nommé cette année-là, pour sa partition dans *Les Choristes*. D'un seul coup, la peur m'étreint. Je ne suis qu'un mauvais élève à la base, moi. Puis, je ne suis pas du tout un compétiteur ! En une journée, je deviens l'ami de tout le monde. J'ai quinze mille potes. Je ne suis pas trop dupe quand même sur ces néoamitiés. J'ai déjà vécu une désillusion amère sur le tournage des *Fautes d'orthographe*, cela m'a vacciné. Mais, quand on a connu le harcèlement scolaire, on pourrait vite être dépassé par cette débauche de tapes dans le dos sympas et de « Oh, mon ami ! » glissés entre deux bises sonores ! D'un seul coup, je me sens comme un chien qui a tâté du bâton et n'ose plus s'approcher de l'homme. Je deviens méfiant. Sélectif. Je vois trop le mal que l'on pourrait me faire.

Me voici embarqué d'essayages en grands dîners, de shootings en interviews. On a beau se blinder, à force d'entendre qu'on est « le meilleur » que le prix ne peut pas nous échapper, on se monte un peu le bourrichon.

Au théâtre du Châtelet en ce mois de février 2005, toute la « grande famille du cinéma » est là, selon l'expression consacrée. Après tout, c'est vrai que l'on ne choisit pas sa famille…

Gad Elmaleh présente le show diffusé sur Canal + en clair ; mes parents ne le savent même pas et ne le regardent pas ce soir-là, ça rend humble. Isabelle Adjani, éblouissante, préside cette trentième cérémonie.

À quelques minutes du début, je croise Gérard Jugnot. Cela fait longtemps que je ne l'ai pas vu. L'émotion est forte. Will Smith n'a alors giflé que le box-office mondial. Il est là pour recevoir un César d'honneur. Il vient saluer les comédiennes et comédiens en lice. Et demande à faire une photo avec chacun. Quelque part, sur l'un des disques durs de la star, il y a une photo de Will Smith et moi, ça me fait marrer d'y penser aujourd'hui.

Je suis accompagnée de mon agent. J'évoquais *Friends* tout à l'heure. Dans un des épisodes, Joey est nommé dans une cérémonie et on lui intime de ne pas réagir négativement s'il n'est pas lauréat. Elle me prévient de la même manière :

— Surtout Damien, n'oublie pas que la caméra sera sur toi. Alors peu importe le nom annoncé, tu restes calme !

Je suis installé dans la salle, près de la scène.

— Oh, ça, c'est bon signe ! me promet un observateur.

La soirée commence. Arrive le moment où Diane Kruger entre en scène. Elle annonce la liste des comédiens nommés dans la catégorie « Meilleur espoir masculin ». Osman Elkharraz, dans *L'Esquive* ; Malik Zidi, dans *Les Temps qui changent* ; Jérémie Rénier, dans *Violence des échanges en milieu tempéré* ; Gaspard Ulliel, dans *Un long dimanche de fiançailles*. Et moi.

— Et le César du meilleur espoir masculin est attribué à… Gaspard Ulliel.

Ovation. Les caméras sont braquées sur les nommés. Je suis crispé. Je me souviens même avoir demandé au technicien de me lâcher un peu la grappe, car j'avais l'impression qu'il bloquait sur moi.

Dans ma poche, je touche ce discours que j'ai écrit. Au cas où… Je voulais surtout remercier en public Gérard de m'avoir donné ma chance. La descente est sévère. Depuis quarante-huit heures, j'ai fini par être convaincu que ce prix, il était pour moi. Je vois Jean-Jacques Zilbermann me faire signe. Discrètement, nous quittons la salle où la cérémonie me paraît désormais interminable. On va s'en jeter un vite fait dans le bar voisin. Double whisky pour moi. Fois trois… Je ne sais pas si j'attends des mots de réconfort mais je n'en reçois pas.

— Tu vois, si tu ne l'as pas, c'est que ce n'était pas si bon que ça.

J'encaisse. Il règle. On repart vers la salle. Un vigile me bloque l'accès. J'ai laissé mon carton d'invitation à l'intérieur. J'argumente, il ne veut rien entendre. Une voix s'élève derrière moi :

— Non mais ça va, laissez-le entrer. Déjà qu'il n'a pas eu le César, vous n'allez pas, en plus, le laisser dehors !

Cette petite phrase m'abat.

Fin de cérémonie, tous les vainqueurs sont là. Will Smith prend la pose avec les porteurs de statuettes. Comme les autres perdants de la soirée, je n'apparais plus sur son radar. Gérard Jugnot me prend dans ses bras. Il rigole. Trois fois qu'il est nommé, il ne l'a toujours pas décroché. Il prend ça avec légèreté, ce que je suis encore incapable de faire. J'ai l'impression d'être monté très haut et de regarder en bas pour la première fois. Si je tombe maintenant, ce sera une chute vertigineuse. Mais, encore une fois, à qui pourrais-je manquer ?

Le temps est assassin et emporte avec lui
Les rires des enfants

RENAUD, « MISTRAL GAGNANT », 1985

PARTIE III

LE GAMIN QUI DEVAIT GRANDIR

1

Les pieds sur terre

L'épisode des César n'est pas encore digéré que je file, deux jours après, sur le tournage de *Landru*. Je tourne avec Patrick Timsit. Son humour m'éclate sincèrement. Il a l'irrévérence fine, le titillage acide mais sensible. Et il met les pieds dans le plat dès que je débarque sur le plateau.

Ah, ça, j'en prends pour mon grade. Il me charrie à fond, ne laisse rien passer. En fait des caisses et des caisses… Et c'est bien ce qu'il me fallait, finalement. Pas de la compassion et des airs gênés. Pas des « Tu as encore le temps, tu es jeune » ni de « Ce n'est pas normal, c'était pour toi », et encore moins d'apitoiements feints. Il me rentre dans le lard et ça me fait rire. J'en viens à relativiser. Après tout, le monde ne s'arrête pas de tourner parce que Damien Jouillerot n'a pas eu de César. Alors je ne vais pas me morfondre non plus ! Bon, ça me gonfle de voir partout des photos de

Gaspard Ulliel et j'en viens presque à le détester pour la forme, ce qui est complètement débile car c'était un mec hyper-gentil, hyper-humble. Sans la jouer « grande famille du cinéma » et tout ça, l'acteur avait un talent fou et, de ce que j'ai pu côtoyer de l'homme, c'était une vraie belle personne…

Bref, le tournage de *Landru* est aussi la bulle dont j'avais besoin pour dire « au revoir » à Daniel Massu. On décide de rester bons copains ; après tout, il a un peu révolutionné mon existence. Mais je ne veux plus vivre au milieu de ses démons qui me rappellent trop les miens.

Et je rencontre quelqu'un sur le tournage. L'un de ses premiers mots à mon attention est « Connard ». Elle est figurante sur *Landru*, accompagne une copine qui veut être comédienne alors qu'elle est assistante de production. Cathy est un peu plus âgée que moi. Et après ce premier contact passablement calamiteux, on se recroise une fois, deux fois… On se fréquente un peu en dehors des plateaux. Je ne le sais pas encore mais Cathy va devenir la mère de mes enfants.

Pour l'instant, je me requinque. J'enchaîne sur un autre film. À l'affiche d'*Emmenez-moi*, Gérard Darmon et Charles Aznavour ! Une de mes idoles de la chanson française, que mon beau-frère m'a fait découvrir ! L'expérience est géniale, un peu rock'n'roll ! Charles Aznavour est une crème, Gérard Darmon, un bon vivant qui m'aide à prendre confiance en moi et me fait comprendre que, physiquement, j'ai évolué. J'ai gagné en assurance à défaut d'avoir gagné le César. À ce moment de ma carrière, c'est peut-être une bénédiction de ne pas l'avoir eu. Contrairement aux lauréats sur lesquels on met une pression folle, moi, personne ne m'attend au tournant. On ne me demande pas de prouver ma valeur tout de suite après. Je retrouve un peu de légèreté. Et également un ancien camarade de jeu, puisque je m'apprête à rejoindre l'équipe du film *Les Aiguilles rouges*.

*

Jules Sitruk est en effet à l'affiche de ce film. Ce sont nos retrouvailles après *Monsieur Batignole* et la promotion durant laquelle nous nous sommes croisés deux ans plus tôt. Je retrouve aussi le minot de *Malabar Princess*, Jules Angelo Bigarnet, qui a bien grandi depuis. Avec Jules, mes rapports sont plus détendus. Je ne suis plus l'hurluberlu qui a décroché un rôle au culot. J'ai pris un peu de galon depuis le tournage. J'ai grandi, j'ai mûri. Je me suis professionnalisé. Et l'effet César est aussi passé par là. Pour les acteurs d'une même génération, une nomination, ça pèse un peu dans la balance, ça veut dire quelque chose.

Les Aiguilles rouges est un film quasi autobiographique pour son réalisateur atypique, Jean-François

Davy. Cette histoire de scouts paumés dans la montagne, il l'a vécue lui-même. Je l'aime bien, ce film. Le tournage est assez dingue. On crapahute énormément en pleine nature, on a des scènes assez physiques… Et on est jeunes, on joue un peu les coqs à se dépasser physiquement jusqu'à l'épuisement pour tout donner. Puis, il y a les coulisses. L'équipe de tournage s'installe à Chamonix. Cathy m'y rejoint. Ce sont les débuts d'une belle histoire et ils sont passionnés. Ma vie personnelle s'équilibre grâce à elle. C'est mon premier grand amour. Je le sens dans mes tripes.

Oui, cette période a tout pour être sereine. Pourtant, je sens bien qu'il y a souci. Mon téléphone sonne de moins en moins. Je commence à faire trop vieux pour jouer les jeunes et on ne pense pas forcément à moi pour des rôles plus matures. J'ai pris l'habitude d'être très sollicité, pour ne pas dire courtisé, et je me retrouve sur le banc de touche sans être blessé. C'est assez perturbant. En tout cas, moi, ça me perturbe. Et ça fait ressortir des angoisses que je calme à coups de pétards trop dosés.

Alors, oui, je l'aime bien, ce film. Même s'il se fait dézinguer à sa sortie. Je prends d'ailleurs ma part de responsabilités : je ne suis pas bon dedans. J'en fais trop, je surjoue… Je n'aime jamais me regarder à l'écran mais, celui-ci, je l'évite particulièrement. C'est pourtant ma dernière vraie grande apparition et aventure au cinéma.

La suite, c'est à la télévision qu'elle m'amène. Dans des rôles consistants où l'on m'offre une nouvelle palette de couleurs et des toiles blanches à colorer comme je veux. Je voulais des rôles qui m'éloignent de mon côté enfant, de mon côté victime… C'est la petite lucarne, comme on la surnomme encore, qui va me l'offrir. Il y a d'abord *Vive la bombe !* qui retrace l'histoire des essais nucléaires en Algérie. J'ai toujours dit que je voulais à manger sur des rôles. Là, je suis repu ! Le téléfilm est fort, les rôles, bien écrits, la direction d'acteurs, au cordeau. Les critiques sont dithyrambiques lorsque les épisodes sortent et mon nom revient souvent dans les éloges. Vient ensuite *Jeanne Poisson, Marquise de Pompadour*, téléfilm dans lequel je joue le Dauphin du roi. Mon premier rôle en costume. Autant dire qu'on est à mille lieues de ce que je suis ! Même mon agent se marre en découvrant que l'on me l'offre ! Pourtant, à nouveau, les commentaires sont élogieux. Mais à mesure que mes prestations télévisées emballent, le cinéma me toise. Je ne comprends pas pourquoi on s'échine à enfermer les artistes dans des cases en France. On est alors dans une époque où ça n'est pas très bien perçu d'apparaître dans une série ou dans un téléfilm quand on est comédien, qui plus est quand on a frôlé le César… Les choses ont évolué dans le bon sens et il n'est plus rare de voir un acteur ou une actrice de premier plan jouer dans une série ou être le premier rôle d'une mini-série. Mais ce n'était pas le cas il y a une vingtaine d'années.

Bref, moi qui avais pris l'habitude d'être choisi, je dois repasser une palanquée de castings qui se concluent par des « On vous rappellera » non suivis d'effet. Mon *ego* en prend un coup, je l'admets. Pour certains, ma chance a tourné. Je n'aime pas cette expression. Ma « chance », je l'ai provoquée, oui. Mais après, j'ai bossé. Dur. Je suis allé la chercher, cette opportunité, mais ce n'aurait été qu'un *one shot* si je n'avais pas eu un minimum de niaque et l'envie de bien faire. Donc, non, ce n'est pas ma « chance » qui tourne. C'est l'époque. Je ne suscite pas le désir. Je commence à envier mes potes qui décrochent des rôles. Contrairement à la chanson, je voudrais bien travailler ! Et puis, je fume…

— Ah, mais vous êtes le gamin des *Fautes d'orthographe* ? Pourquoi on vous voit moins au cinéma ? m'interroge une dame d'un certain âge.

Je ne sais pas quoi lui répondre…

Mais, bon, j'avance. Avec Cathy, la vie est douce. Les semaines passent. Les mois. Nous sommes un vrai couple. Et je découvre que tous les projets pour lesquels j'ai été payé jusque-là m'ont rapporté quand même pas mal d'argent. Je n'ai jamais été un grand gestionnaire. Je ne savais pas vraiment ce que j'avais sur mon compte, sinon que cela me permettait de vivre confortablement et de rincer les potes. Mes parents ont tout géré intelligemment et les cachets ont fait des petits. Je ne suis pas richissime mais on a de quoi s'offrir un appartement pour nous deux. Pour nous deux…

Alors que l'on est à peine installés, elle découvre qu'elle est enceinte. Moi aussi, par la même occasion. Non, pas que je suis enceint, bien sûr, mais qu'elle l'est ! Je tourne moins, on vient de mettre nos économies dans ce coquet nid d'amour… et j'ai à peine 22 ans ! Autant dire que, sur le coup, j'ai des suées ! Mais nous nous aimons, c'est l'essentiel. Pour nous. Pas pour le milieu professionnel qui ne comprend pas ce choix.

— Et tu vas faire comment pour partir plusieurs semaines en tournage ?

— Et un enfant, ça coûte cher. Et si tu ne tournes pas ?

Et j'en passe.

Cet enfant qui grandit, on ne le voit pas comme une contrainte à venir mais comme la suite logique de notre histoire à tous les deux. C'est beau, non ? Sauf que derrière ce masque, mes angoisses me retournent le bide. Je n'ai pas su me protéger des autres, étant enfant. Saurai-je protéger un petit être ? Comment faire pour qu'il ne subisse pas ce que j'ai vécu ? Et si je ne voyais pas son mal-être comme mes proches n'ont pas su le percevoir ? Je ne suis encore qu'un grand adolescent qui panse ses plaies et voilà que je vais devenir père. Mon plus grand rôle. Et ce n'est pas du cinéma.

2

Nouvelle génération

Le ventre de ma compagne s'arrondit. Je suis encore jeune, c'est vrai. La vingtaine à peine dépassée. Mais je m'en cogne. Après tout, chez les Jouillerot, on est parent jeune de père en fils et filles ! Alors, pour assurer les arrières de ma famille, j'accepte tous les tournages que l'on me propose. Certains sont très bien, d'autres sont clairement plus alimentaires. Mais j'aime tellement tourner et être sur un plateau que j'accepte tout. Par boulimie de caméras. Et parce que, même si je continue de faire mes heures d'intermittent, ça sonne toujours de moins en moins ! N'importe quel acteur le sait : peu importe la popularité à l'instant T, l'avenir n'est jamais écrit dans ce milieu. La roue peut tourner en une fraction de seconde. Combien de comédiens et de comédiennes ont disparu de la circulation après un succès ou deux puis quelques apparitions parcellaires ? Pas l'envie, pas la bonne rencontre, pas la bonne scène, pas la bonne attitude… Les raisons d'être écarté sont bien plus nombreuses que les places dans la lumière. Donc, je mets les bouchées doubles pour des projets qui rapportent moitié moins que ce à quoi je m'étais habitué.

Pour Gabin. Notre fils. Le prénom s'est imposé de lui-même. Je l'avais en tête depuis mes 12 ans et ma découverte, aux côtés de mon père, du film *Le Tatoué*. Cathy accepte tout de suite la suggestion. Il n'aura pas des parents dans le moule, cet enfant, c'est sûr. Mais il aura des parents qui l'aiment. Et qui s'inquiéteront pour lui. Très vite. Trop vite. Car si la grossesse se passe impeccablement, l'accouchement est très compliqué. Césarienne en urgence, forceps… Gabin pousse son premier cri dans la douleur : un soignant lui casse le bras en le sortant du ventre de sa mère. L'angoisse est à son paroxysme. J'ai connu trop de drames familiaux pour que cet épisode ne réveille pas des souvenirs douloureux et la crainte de perdre ce petit être que je chéris déjà au-delà de toute autre chose.

Une mauvaise nouvelle n'arrivant jamais seule, le corps médical découvre peu après que notre fils souffre d'une malformation cardiaque. J'avais espéré pour mon enfant que les galères sauteraient une génération mais elles ont l'air d'être héréditaires.

À cette époque, je joue au théâtre. Ce n'est clairement pas un projet alimentaire mais de la passion pure. J'ai le bonheur de partager l'affiche de *La Maison du lac* avec Jean Piat et Maria Pacôme, deux immenses comédiens et deux personnes magnifiques. Jean Piat a déjà un âge certain et il n'a plus l'aisance de l'homme des *Rois maudits*. Mais il devient vite un grand-père adoptif pour moi qui joue un môme de 13 ans dans cette pièce ; par ses conseils, sa façon de me regarder, de prendre en compte ma parole, il m'accompagne dans ma quête de confiance en moi. Maria, elle, est une force de vie et d'enthousiasme, une femme brillante et drôle dont le cœur explose de bonté. Pour la naissance de Gabin, elle est partie dévaliser un magasin chic de puériculture à Paris et a rempli la loge de dizaines de cadeaux. Elle passera des heures aussi à chouchouter ce bébé dans les coulisses pendant que je suis sur scène.

Car Gabin m'accompagne très vite au théâtre et sur les tournages. Il est un enfant de la balle. Ce sera sans doute une enfance différente de celle de la grande majorité de ses copains, mais, ma femme et moi, on aime qu'il s'épanouisse dans cet univers si riche culturellement et humainement parlant.

Maria et Jean sont aussi très présents lorsque mon frère s'éteint. Dans ma vie, c'est l'ascenseur émotionnel. Je suis encore dans l'euphorie de la naissance de mon fils que la vie m'arrache mon frangin.

Mais, bon an mal an, la vie continue. Et elle n'endigue pas mes angoisses concernant mon garçon. Tant qu'il est petit, je peux le protéger de la dureté du monde extérieur. Déjà, je le vois grandir. Le moment de la scolarisation approche à grands pas et ses problèmes cardiaques vont nécessiter une opération. Tôt ou tard. Nous le savons et l'appréhendons. Les années passent. L'enfant grandit. Le père, moi, est de moins en moins présent à l'écran. Je continue le théâtre avec *Le Carton*, pièce mise en scène par Jugnot, le fils, Arthur, et David Roussel. Mais j'ai du mal à ne pas m'inquiéter pour Gabin. Que se passe-t-il à l'école ? Pourrai-je discerner les premiers problèmes ? Mes parents ne les ont pas vus, eux… Alors, je redouble d'attention. Il n'est qu'en maternelle, c'est vrai, mais on sait comme les enfants peuvent être cruels. Et s'Ils étaient là pour lui, désormais ? Je me fais un sang d'encre. Et l'inquiétude ne s'améliore pas lorsque le couperet tombe : Gabin doit être opéré du cœur, c'est désormais inéluctable. Il a 5 ans quand il passe sur le billard. Ma vie n'a jamais été qu'une succession de journées ensoleillées. Mais tant que ça ne concernait que moi, je pouvais encaisser les tempêtes. Maintenant, il y a mon fils. Je dois le protéger de la foudre. Sauf que je suis impuissant face à ce qui lui arrive.

3

Avant le coup de poignard

Je me rends compte que je suis peut-être passé un peu vite sur la pièce *Le Carton*. En vérité, c'est le boulot qui sauve mes fins de mois. Pendant toute la période qu'elle dure, je n'ai tout simplement rien d'autre qui rentre. Plus une seule thune si ce n'est ce cachet qui me permet de faire mes heures d'intermittent. Ma compagne travaille et a un salaire fixe. Mais cela nous permet tout juste de tenir. D'autant que l'on a acheté notre appartement en période de vaches grasses, y mettant toutes nos réserves. Et désormais la vache n'est pas maigre : elle est famélique !

Un bonheur n'arrivant jamais seul, je reçois un petit courrier très cordial du fisc me demandant un joli pactole en guise d'arriérés. Gros *mea culpa* sur ce coup-là, je suis du genre « phobie administrative », pour paraphraser un ancien ministre, et je ne me suis jamais vraiment penché sur le dossier Trésor Public. J'ai délégué tacitement cette partie à mes parents qui, pensant bien faire, n'ont pas fait grand-chose depuis mes premiers cachets. L'hiver rattrape la cigale que je suis et me voici fort dépourvu... Mais vous connaissez la fable et je n'ai pas d'excuses si ce n'est ma bonne foi.

Bref, je commence sérieusement à me dire qu'il serait peut-être de bon aloi de dégoter un job, fût-il alimentaire. Le hic, c'est que l'on me reconnaît encore beaucoup à cette époque et que j'ai l'impression que je vais devenir l'objet de moqueries. Il n'y a pas de sot métier, mais il y a beaucoup de sottes personnes et je ne me sens pas de revivre mes années Maison familiale à mon âge.

Mais ces pudeurs ne changent rien au problème. Ma famille a besoin que je fasse entrer de l'argent. Et j'ai une faim de jouer phénoménale. Tous les comédiens vous le diront : être artiste, c'est pouvoir vivre de son art. Cela faisait huit ans que j'en vivais sans trop m'inquiéter de savoir si je suscitais le désir ou non, croquant avec envie et passion tout ce qui se présentait ; j'ai cru à un simple coup de mou quand la source des propositions a commencé à se tarir. Et je n'ai même plus assez d'eau pour remplir ma gourde avant cette traversée du désert qui se profile. Les « potes » de mon âge sont dans un autre état d'esprit à 23 ans. Un frigo vide, ça n'inquiète pas des masses quand on n'a que son estomac à remplir.

Je suis déjà père de famille – aucun problème, c'est un choix de vie – et je suis comme tous les parents : je veux que mon enfant ait le meilleur.

Heureusement, la pièce marche du tonnerre. Et elle m'assure « une actualité ». En clair, je peux répondre que je suis au théâtre quand un membre de la profession me demande ce que je deviens. Rien de pire qu'un comédien qui n'a rien sur le feu. C'est le meilleur moyen de précipiter la chute ! L'expérience est toutefois harassante. Le rôle est exigeant, l'ambiance dans l'équipe, pas toujours au top. Il y a tout de même les tournées. C'est agréable d'aller à la rencontre du public, de sortir du théâtre habituel, de Paris. Et les cachets sont plus importants à l'extérieur. Je n'ai pas la possibilité de me priver de ce bonus !

Quelques mois avant la fin de la pièce, j'entends un bruit que je ne reconnais pas tout de suite. C'est... mon téléphone ! Un téléfilm sur la vie de Brassens se prépare et le réalisateur a pensé à moi pour jouer le meilleur ami de Georges ! Treize jours de tournage, très beau cachet, susceptible de remettre les finances familiales à flot pour quelques mois... et mon retour tant attendu sur un plateau ! Seul souci, je suis engagé pour la pièce de théâtre, dont l'équipe doit partir une semaine en tournée grecque, dans des clubs de vacances francophones. D'un point de vue contractuel, je suis pieds et poings liés. Il me faut sérieusement argumenter pour être libéré, l'ultime condition étant que ma doublure habituelle – le comédien capable de reprendre mon rôle au débotté en cas de souci ou d'absence – soit disponible pendant ce créneau. Heureusement, François Civil, encore loin du D'Artagnan des *Trois Mousquetaires*, répond présent !

Je retrouve donc les caméras le temps de ce téléfilm qui me remet du baume au cœur et apporte un peu de sérénité pécuniaire dans ma vie. Le scénario est plutôt pas mal et je coche une nouvelle case de mon bingo Splendid en côtoyant Marie-Anne Chazel.

Mon fils grandit. Mes inquiétudes avec. Je le ressens, il n'est pas comme les autres gamins. Ça va vite dans sa tête. Un vrai petit zèbre ! Il n'a pas terminé la maternelle qu'il sait déjà lire, par exemple. Les grosses têtes comme lui, Ils ne les aiment pas. C'est paradoxal d'avoir peur que son enfant soit trop bon à l'école ! Mais je crains qu'il ne devienne rapidement la visée des balourds, qu'on ne le voie que comme une cible de moqueries ou pire… L'école m'angoissait. Elle continue de le faire par procuration. Je passe mon temps à le questionner, à surveiller s'il n'a pas un bleu, si son comportement ne change pas. Plus je m'inquiète, plus je sens qu'il s'imprègne de mes inquiétudes. Et plus ça m'inquiète ! Cercle vicieux !

C'est un peu flou mais je crois que c'est à ça que j'ai pensé lorsque j'ai senti la lame s'enfoncer et cru que ma dernière heure était arrivée.

4

Un coup de surin

J'ai juste le réflexe de protéger mon corps avec ma main droite lorsqu'il assène un premier coup de tournevis. Je l'ai à peine entendu rentrer à ma suite dans le hall de mon immeuble du Xe arrondissement…

Nous sommes le 13 février 2012. Depuis une quinzaine de jours, les choses semblent se remettre d'équerre d'un point de vue professionnel. Ce n'est pas la folie des grands jours mais les réalisateurs et les directeurs de casting semblent avoir récupéré du forfait puisque je reçois à nouveau des appels. Je suis même contacté par Michael Haneke qui souhaite me faire passer des essais pour un petit rôle dans son prochain film, sobrement titré *Amour*. Je suis particulièrement excité par la perspective de jouer face à Jean-Louis Trintignant. Ce ne serait qu'une journée de tournage, dans la peau d'un infirmier… Mais Haneke, Trintignant, Emmanuelle Riva, Isabelle Huppert ! Et de ce que l'on m'en présente, le scénario, allié au talent du réalisateur a tout pour faire de cet *Amour* un grand film. L'avenir le confirmera mais, en attendant, j'ai vraiment très envie d'être de cette aventure. Bingo ! Je retrouve un peu de mon mojo ! Les essais se passent très bien, je suis pris dans la foulée pour tourner la semaine suivante, le 14 février 2012.

La veille – le 13, donc, logique –, Gabin est couché et je propose à Cathy d'aller chercher des burgers pour le repas, histoire de nous éviter la corvée de nettoyage.

La nuit est tombée sur les Grands Boulevards. J'ai l'esprit un peu léger, l'impression d'avoir enfin réenclenché la première. J'écoute de la musique en marchant. Je me suis pris une petite bière sur le trajet, en guise d'apéritif pour fêter mon tournage du lendemain. Sourire aux lèvres, je rentre dans le hall, sacs plein de victuailles et de glaces dans une main, canette dans l'autre. Je fais quelques pas et, malgré la musique dans mes oreilles, je sens que quelque chose cloche. Je n'ai pas entendu la porte claquer lourdement derrière moi comme à l'accoutumée. Et je perçois une présence incommodante. Je jette un coup d'œil derrière moi. Il est là. Jamais vu dans l'immeuble. Le regard fou. Tout en nervosité malsaine. Mes sens se mettent en alerte. Mais je reste passif. Il vient se poster à côté de moi alors que j'attends l'ascenseur. Près. Trop près. J'explose.

— Tu as un problème avec moi ?

Il ne se démonte pas et commence à essayer de me fouiller les poches.

— File-moi ton portable, exige-t-il.

Un tournevis apparaît dans sa main. Je sens une suée me glacer le dos alors qu'il colle l'outil au niveau de la carotide.

— File-moi ton POR-TABLE ! hurle-t-il.

Je fais non de la tête. Hors de question que l'on me pique quelque chose comme au temps de la Maison familiale. J'ai même l'impression de sentir des relents d'urine à cet instant précis, comme si quelqu'un venait de pisser sur mes affaires. Ça ne peut pas recommencer. Pas là. Pas après toutes ces années…

Il éloigne le tournevis de mon visage et va pour me suriner le ventre. J'ai juste le réflexe de mettre ma main en protection. Le sang coule. Mais je ne ressens pas encore la douleur. Atone. Tétanisé. Nouveau coup, sans élan. Pas assez pour me planter gravement mais suffisant pour provoquer une nouvelle saignée. Tout juste me fait-il prendre conscience que je dois me bouger si je ne veux pas finir en passoire. À l'époque du *Carton*, il y avait un comédien qui faisait partie des « remplaçants » : Alban Lenoir. Les amateurs de cinéma d'action le connaissent désormais pour ces longs-métrages survitaminés dans lesquels il prouve que le cinéma français peut rivaliser avec les gros bras ricains en termes de castagne, de poursuites et de cascades qu'il se plaît à faire lui-même. Cette passion, il l'a déjà en lui à ce moment et il touche sa bille en matière de sports de combat. On a un peu sympathisé et en coulisses, je lui ai demandé à plusieurs reprises de me donner quelques tuyaux côté self-défense. Plus pour la déconne qu'autre chose, je n'ambitionnais pas de devenir un champion de krav-maga ni de redonner du peps à ma carrière en m'improvisant gros bras pour rejoindre le casting d'un Marvel ! Mais à force de répéter et répéter quelques mouvements, certains sont ressortis au bon moment.

Je balance une grosse gauche, en laissant bien mon pouce hors du poing, à mon assaillant qui vacille, chute et lâche son arme. Mais il se relève très vite, et se rue sur le tournevis. Je réagis enfin de manière plus virulente. Un combat de chiffonniers s'engage. Lui, complètement en manque, moi, luttant enfin pour ma survie. Il a été capable de me planter déjà deux fois. Que se passerait-il s'il m'achevait ? Mes clés sont dans ma poche. Mon fils dort. Ma compagne est seule. Je dois défendre ma famille.

Quand on voit les bagarres sur grand écran, c'est vif, propre, chorégraphié. Dans la vraie vie, c'est sale, hargneux, moche, illisible… Je l'agrippe comme je peux, lui éclate la tête à travers une vitre. Il tente de me remettre un coup de tournevis dans le bide. C'est à nouveau ma main qui prend. Nouvelle rixe, l'outil choit encore. Trop loin pour lui cette fois. Il recule et part en courant vers la sortie, bousculant au passage un couple de voisins, présents depuis plusieurs minutes mais qui ne sont pas intervenus.

— On pensait que c'était un deal qui avait mal tourné, on ne voulait pas s'en mêler, diront-ils aux policiers venus pour l'enquête.

Merci pour l'image que je renvoie…

On m'amène aux urgences. La plupart de mes blessures sont sans gravité. Mais ma main a sérieusement morflé. J'en porte encore les stigmates. Mon fils et ma compagne sont en sécurité. Maintenant, je n'ai plus qu'une chose en tête : le tournage du Haneke ! Il est 1 heure du matin, je suis toujours à l'hôpital, je dois être sur le plateau dans sept heures. J'appelle mon agent, lui explique la situation et la convainc de ne pas me faire remplacer. J'explique aux policiers que je viendrai après le tournage pour déposer plainte, repasse chez moi pour tenter de me rendre présentable et file en direction du plateau. Je suis encore sur les nerfs, j'ai un bandage énorme sur la main droite – et je suis droitier –, une tronche de déterré et suis shooté aux antidouleurs.

Haneke a été prévenu de la situation. Il est charmant. Mais ne voit pas comment je peux jouer un infirmier avec une main dans cet état. Je réussis à le convaincre que, comme je connais mon texte sur le bout des doigts (valides), il n'y aura qu'à changer un peu l'axe des caméras, que je peux faire illusion avec l'autre main, et j'en passe. Il accepte et on tourne les scènes prévues.

Bon, presque tout sera coupé au montage. C'est le jeu, on le sait, on accepte les règles. Ma participation à ce film est réduite à peau de chagrin. Ce qui ne m'empêche pas d'avoir mon nom sur l'affiche, détail incongru qui m'amuse toujours autant aujourd'hui !

Mais revenons à cette journée de tournage qui s'achève. Je file porter plainte au commissariat où on me sermonne au lieu de m'accompagner.

— Mais pourquoi vous ne lui avez pas donné votre portable ?

La question fait sens. L'agent ne sait pas ce que c'est que le syndrome du chien battu qui se met à mordre si on s'approche de ses affaires même s'il sait qu'il va dérouiller.

Je rentre chez moi avec une boule au ventre ; j'espère ne pas avoir choppé une saloperie : des examens sanguins sont en cours car, dans le feu de l'action, je l'ai mordu. Et mordre un toxico, ce n'est pas recommandé par l'Organisation mondiale de la santé. L'énergie des dernières heures m'abandonne à mesure que je me rapproche du hall, remplacée par une angoisse et des nausées. Je claque la porte qui donne sur la rue, me rue vers l'appartement dans lequel je m'enferme à double tour et file me réfugier sous un bureau, complètement tétanisé. La police n'a pas retrouvé l'agresseur. Et s'Il revenait ? S'Il voulait finir le travail ? La police a son ADN – ils ont retrouvé du sang et deux dents –, ses empreintes papillaires sur le tournevis abandonné…

Je revis mes années adolescentes en accéléré. À travers ce tox', Ils reviennent me hanter. J'avais oublié ce sentiment d'insécurité permanent, cette impression que le coup peut venir de n'importe où, n'importe quand. La vie vient de me le rappeler violemment. Vicos un jour…

5

Changer ses limites

Je me rends vite compte que le traumatisme est bien plus compliqué à gérer que ce que je redoutais. L'appartement est devenu une prison. Une cellule qui plus est trop étroite pour élever un enfant. Et comme on ne roule pas sur l'or, on se dit que ce serait pas mal de changer de pâture ! De toutes les façons, je pourrais écrire un chapitre sur les raisons qui nous ont poussés à mettre notre chez-nous en vente. Quand on veut tuer son chien, on dit qu'il a la rage ! Là, c'est moi qui ai mordu quelqu'un mais c'est le logement qui prend. Il part en à peine un mois. Le chèque nous permet de reprendre une vie apaisée financièrement parlant. On trouve une belle location dans mon quartier parisien fétiche, le XVIIIe, véritable cœur de la capitale pour moi avec son côté 1900. Je souffle. Mes blessures cicatrisent, mes résultats sanguins sont négatifs. C'est le moment de reprendre pied à tous les niveaux.

Je secoue mon agent pour qu'elle me remette dans la tête des directeurs de casting. Le *Brassens* m'a fait du bien, le Haneke, malgré le contexte, également… Je veux renouer avec la caméra. Puis, je veux aussi avoir les moyens de gâter ma future femme. Oui, j'ai demandé Cathy en mariage. J'avais besoin d'une perspective de bonheur dans cette noirceur, entre l'agression, les cachets rarissimes et mes angoisses habituelles qui ont la fâcheuse tendance de réveiller mes démons.

Je me retrouve donc à écumer les castings, passant je ne sais combien d'essais. En vain. TF1 a fait circuler une annonce. On cherche du monde pour une nouvelle série. Luc Besson produit un programme qui se veut punchy et drôle. Je tente. Je dois avouer que je n'y crois pas des masses avant le rendez-vous. J'ai l'impression de ne pas rentrer dans les critères physiques de la chaîne et de la feuille de route des épisodes. Je n'ai pas vraiment le physique du beau gosse, quoi ! La série s'appelle *No Limit*. Je suis sur les rangs pour le rôle d'un petit dealer. Un gars, baptisé Tony Massart, présent au cours des deux premiers épisodes et qui se prend une balle dans la tête. Quelques jours de tournage, bien payés, à Marseille… C'est tentant, mais sans doute pas pour moi. Je n'ai pas grand-chose à perdre, je décide de faire une proposition totalement décalée lors de l'audition. Ce trafiquant, j'en fais un rigolo qui a un peu de bagout. Le petit gars drôle que l'on n'a pas envie de détester malgré ses faits d'armes peu reluisants.

Et, contre toute attente, tout le monde est emballé ! Besson, après avoir vu les images, viendra me voir sur le tournage pour me dire qu'il n'avait pas envisagé le personnage comme ça mais que ça lui a beaucoup plu.

L'ambiance sur le plateau du premier épisode est excellente. Vincent Elbaz a le premier rôle mais il ne s'enferme pas dans sa tour d'ivoire malgré les enjeux, Anne Girouard est une perle, le réalisateur, Didier Le Pêcheur, humainement génial ! Et moi, je suis comme un gosse à qui on a levé une punition ! Je prends un plaisir fou à jouer, à être dans un registre qui m'était jusqu'ici inconnu. Je suis dans la comédie et ça m'éclate. D'autant que, même si c'est une grosse machine, on me donne la possibilité d'improviser. Quel panard !

On enchaîne sur le deuxième et, normalement dernier épisode pour moi. La fin est écrite pour Tony et elle n'a rien de drôle.

— Bon, Damien, deux options : soit tu te prends la balle et c'est fini, soit on garde ton personnage en récurrent. T'as envie de quoi ?

La question m'arrive par surprise ! La prod aime ce que j'ai insufflé à Massart et le lien qui s'est créé avec Vincent Liberati – le rôle d'Elbaz – peut facilement être développé ; mon personnage peut encore être gracié. Si je le souhaite ! Et comment que je veux ! Ma femme – c'est désormais officiel – me soutient totalement dans cette aventure qui implique plusieurs séjours de quelques jours à Marseille six mois par an. Moi qui ne voulais pas m'enfermer dans un rôle récurrent, je viens de partir, sans le savoir, pour trois saisons ! Car la première est un carton : le premier épisode réunit plus de sept millions de téléspectateurs ! Dès le lendemain de la diffusion, les « Bonjour » dans la rue sont multipliés par cinquante ! Moi qui, moins d'un an avant, suais dès que l'on m'approchait de trop près, encore marqué par ma violente agression, je prends plaisir à retrouver des visages souriants et bienveillants.

Ça me redonne aussi un crédit dingue auprès des autres réalisateurs qui se rappellent qu'ils ont un contact nommé Jouillerot dans leur répertoire. C'est une parenthèse enchantée. Je tourne, j'ai une nouvelle pièce au théâtre, *Angèle*, je me frotte à la réalisation avec le court-métrage *Machin*… Tout pourrait aller pour le mieux dans le meilleur des mondes. Mais, vous commencez à me connaître, j'ai appris depuis longtemps qu'après le soleil vient la pluie. Mon fils est en primaire et les choses se compliquent. Il percute bien, trop bien même. Mais il a des soucis pour écrire. Et, un jour, alors que nous rentrons à la maison, j'entends une petite fille dire à son père :

— T'as vu, c'est le garçon qui travaille pas bien à l'école, en désignant Gabin.

Je me doute qu'elle n'a pas inventé cette phrase. Elle a dû l'entendre de la bouche de sa maîtresse. Ce que je lui demande.

— Oui, c'est la maîtresse qui dit que Gabin, bah, il est nul !

Cette affirmation me glace. Le père s'excuse poliment – « Non, il ne faut pas dire ça, ce n'est pas bien ma chérie » –, je souris poliment en retour. Mais je suis replongé en un éclair dans mes jeunes années, quand les profs me disaient que je ne ferais rien de ma vie, que j'étais voué à l'échec...

Ma femme demande un rendez-vous. Et nous constatons que, effectivement, la maîtresse a Gabin dans le collimateur. Et qu'elle semble plus apte à le rabrouer et à le dénigrer devant tout le monde qu'à l'accompagner. J'ai envie de la secouer, de lui hurler tout ce que j'ai subi et que je refuse de voir infligé à mon fils ! À peine entré dans le cursus, mon petit est catalogué « Perdant ». Oui, j'ai envie de lui sauter à la gorge à ce moment-là. Mais il faut que je me refrène. Ça vaut mieux pour Gabin. Ça vaut mieux pour moi. Ça vaut mieux pour elle. Mais je fulmine. L'histoire se répète. J'en ai une boule dans la gorge.

6

Effet loupe

Je ne sais pas si toutes les victimes de harcèlement scolaire réagissent de la même façon. Une expérience ne fait pas l'autre. Sans doute certains réussissent-ils à faire abstraction de tout cela, à se relever plus forts, à transcender cette violence qui marque au fer rouge. Mais je crois que même la victime la plus solide qui réussit à faire la paix avec son passé aura toujours une appréhension particulière concernant sa progéniture. C'est en tout cas ce qui m'arrive. Tout me réexplose au visage avec cette histoire. On se braque avec cette institutrice. On envisage de changer notre enfant d'école. Puis on se dit qu'il ne reste pas si longtemps que cela avant la fin de l'année, qu'on est attachés à l'école publique…

Je prends sur moi mais les angoisses repartent comme en 40 : c'est la débâcle assurée si ça continue. Je dois vraiment faire des efforts pour ne pas exploser face à un corps enseignant qui met mon enfant de côté sans aucun ménagement.

— Mais il écrit comme un cochon, balance-t-elle sans ménagement à l'occasion d'un autre point de fin de semaine.

Mon sang bout. Gabin est résumé à ça. On oublie qu'il parle très bien, qu'il a un vocabulaire étendu, qu'il sait déjà presque lire… Non, tout ça ne compte pas face à une maîtresse qui a un enfant dans le pif et qui le dévalorise devant les autres gamins. Le terreau idéal pour susciter les moqueries et l'isolement…

Heureusement, l'année s'achève. On se dit que la maîtresse suivante ne pourra qu'être meilleure. Et, heureusement, elle l'est. Elle tire les enfants vers le haut, valorise leurs points forts, travaille avec eux leurs points faibles. Cette enseignante nous réconcilie avec l'Éducation nationale et ses valeurs.

Mais un cycle ne fait pas l'autre. En CE1, Gabin a deux maîtresses. C'est le jour et la nuit. L'une le voit comme un cancre, remet notre implication en tant que parents en cause. L'autre perçoit autre chose chez ce gamin. Elle nous conseille de lui faire passer des examens. Ce que l'on accepte. Bilan : Gabin est diagnostiqué HPE – haut potentiel émotionnel –, ce qui se caractérise par une hypersensibilité émotionnelle, une tendance au perfectionnisme, un trop-plein de réflexion… Dans le même temps, il est également établi qu'il est dyspraxique – d'où l'écriture « de cochon » – et dysorthographique, c'est-à-dire qu'il mélange l'écriture des mots ayant les mêmes phonèmes.

Ces annonces sont compliquées à gérer pour moi. Je sais ce que c'est que de ne pas être dans le moule. Pas d'être un mauvais élève ou un très bon élève, non. D'être « à part ». Cela tend les relations avec l'autre maîtresse qui considère Gabin comme un futur raté. Mes angoisses repartent au galop, dopées par une colère sourde. Je dois me mettre en retrait de la gestion scolaire et laisser ma femme s'en occuper tant la situation me rend malade. Mes réactions sont épidermiques face à l'équipe éducative. Je n'arrive pas à raisonner, cela génère des tensions. Mais il m'est impossible de leur accorder le moindre crédit. Mieux vaut que je m'écarte.

Sauf que j'ai peur. Pour l'avenir de mon fils, à court terme et à long terme. Ils n'en feront pas un vicos comme son père l'a été. Je le surveille de près, guettant le moindre changement d'attitude, un bleu camouflé… Je le protège. Je le surprotège même peut-être. Ils m'ont eu, moi. Ils ne toucheront pas à mon fils.

7

Rien ne s'efface

Ma femme et moi avons eu un deuxième bonheur dans notre vie. Une petite Lisette, arrivée en janvier 2017, après moult péripéties médicales. Elle est en pleine forme, Gabin est fier comme Artaban. Je travaille sur un livre de dessin, un deuxième, *Paname d'amour*…

Mais tout n'est pas que petits oiseaux qui gazouillent. Gabin a beau avoir un vocabulaire étonnant pour son âge et s'intéresser à plein de choses, l'école, c'est compliqué pour lui. Il a beaucoup de mal avec la préhension du crayon, écrit moins bien qu'un médecin qui aurait Parkinson… Ses troubles « dys » le pénalisent dans son apprentissage. Mais on arrive encore à l'accompagner du mieux que l'on peut. L'année de CM2 complique tout de même les choses pour moi. On se rapproche du collège et les inquiétudes vont croissant. C'est un gentil gamin, Gabin. Je l'imagine déjà se faire plier dans son nouvel établissement. Le collège de secteur, ce n'est pas les quartiers chauds, d'accord. Mais je vois déjà le racket, les insultes et les coups pleuvoir sur ce petit garçon que je surprotège peut-être…

Côté boulot, pour moi, ça bouge bien à nouveau. J'ai une petite scène dans *Grâce à Dieu* ; elle ne fait pas seule la puissance du film mais je reçois pas mal de messages de la profession pour me féliciter. C'est toujours bon à prendre dans une carrière. J'ai aussi un rôle récurrent dans la série politique *Baron noir*, avec Kad Merad. Comme la série est suivie, forcément, ça remet une pièce dans la tirelire de la popularité et, à nouveau, on m'arrête dans la rue pour des photos et des dédicaces. Ma tête s'affiche aussi dans les couloirs du métro parisien avec la pièce *Les Crapauds fous*.

Je tourne aussi dans un téléfilm poignant, *La Maladroite*, sorti en novembre 2019 sur France 3. Il s'inspire d'un dramatique fait divers, l'affaire Marina Sabatier : une enfant victime de maltraitance de ses deux parents et qui finit par en mourir. Je joue le père. 4,5 millions de téléspectateurs ! Et ma prestation doit être convaincante puisque, quelques jours après la première diffusion, une furie dans le métro m'arrache ma fille des bras et me hurle dessus, prenant les passagers à témoin : il faut me retirer la garde de ma gamine, et j'en passe. Il faudra l'intervention sèche mais directe de quelques passagers qui me viennent en aide pour que je récupère ma petite en larmes et, sur le coup, traumatisée…

Autant vous dire que si l'on me reconnaît comme ça dans la rue, ça risque d'être compliqué au collège pour Gabin. Quand on a un parent populaire, on attire soit l'envie intéressée, soit la haine, mais rarement le désintérêt et l'amitié franche, malheureusement. Et, au-delà de moi, il y a lui : je lui ai filé le virus de la scène et du cinéma. Il se frotte un peu à cet univers en s'embarquant dans le *Jamel Comedy Kids* – devant 900 personnes tout de même ! – et commence à tâter du théâtre amateur. Bien sûr, le passionné que je suis est fier de son fils. Mais le père que je suis s'inquiète pour son avenir. Je ne connais que trop l'attitude des autres face à un gamin qui sort du schéma classique et qui vit des expériences différentes. Je les ai vus à l'œuvre, Ils ne vous ratent pas. Ils vous font payer votre vie à part. Ils me l'ont fait payer, à moi. Ça me reprend. L'angoisse m'embrase.

Ma tête ne va pas bien. La rentrée au collège est un enfer. Le troquet pas loin de l'établissement me voit régulièrement. L'alcool me remet les idées en place et noie mes idées noires. L'odeur du houblon dissipe quelques instants celle de la pisse dont ils ont souillé mes vêtements. La Maison familiale me hante toujours. Je pensais m'en être débarrassé définitivement après y être retourné pour une projection spéciale des *Fautes d'orthographe*. Je suis revenu en vainqueur, face à des élèves qui ne connaissaient rien de mon passé dans ces lieux, et à quelques anciens professeurs que j'ai côtoyés à l'époque, dont celui qui m'imaginait chômeur longue durée si je m'orientais vers une carrière artistique. J'ai d'ailleurs pris un malin plaisir de lui dédicacer l'affiche en la signant « M. Pôle Emploi »…

Mais le traumatisme ne m'a pas quitté. L'entrée au collège de mon fils a soufflé sur les braises d'un feu que je croyais éteint. Pourtant, Gabin va bien ! Le problème se prénomme Damien. Gabin, lui, est plutôt à l'aise avec les autres ; les résultats ne sont pas fous, il peine toujours autant sur l'écriture, ce qui nécessite pas mal de rendez-vous parent-professeur. *Souffle, Damien, souffle. C'est pour le bien de ton fils.* Je transpire, mon cœur frappe ma poitrine… Je suis mal à l'aise en croisant ces mômes dans les couloirs. Dans les traits de certains, je crois retrouver ceux des bourreaux de ma jeunesse.

8

Dans les yeux de mon père

Il y a une chose à laquelle je n'ai jamais pu m'habituer, ce sont les périodes d'accalmie dans la vie. L'expérience m'a appris qu'après le soleil vient la pluie. Et qu'après la pluie viennent souvent la tempête et le déluge. Cela n'invite pas au lâcher-prise. J'ai toujours en moi cette hyper-vigilance qu'Ils m'ont généreusement laissée en héritage. Ce sentiment persistant qu'Ils sont là, planqués au bout de la rue, prêts à me foutre une rouste alors que je savoure un moment de paix trop rare. Bref, je connais, en 2019, un moment d'accalmie personnelle et une activité professionnelle plutôt dense. Il y a *La Maladroite*, mais pas seulement. Je travaille beaucoup, et sur des projets qui me plaisent. Je suis au théâtre dans *Les Crapauds fous* ; à la télévision, j'enchaîne avec l'ultime saison de *Baron noir*, la mini-série *Double je*, un épisode de *Profilage*…

Tout va mieux dans ma vie, ça ne pourra pas durer. Je le sens dans mes tripes. Ce n'est pas du pessimisme mais la force de l'habitude. J'aurais tellement aimé me tromper, que la suite me donne tort, que le karma m'oublie un peu. Une autre fois, peut-être. Parce que là, Damien, il va falloir reprendre un sac de parpaings sur le dos. Et du genre qui te brise les reins : c'est à cette période que l'on découvre la maladie de mon papa.

Les lecteurs des polars de Franck Thilliez connaissent le personnage de Sharko, flic attachant, tourmenté et tenace que Vincent Elbaz a incarné dans une adaptation pour TF1. Le Charcot de mon père est tout aussi tenace mais bien moins plaisant à suivre au quotidien, tant pour le malade que pour son entourage. C'est une pathologie neuromusculaire, parfois appelée par son nom plus savant, sclérose latérale amyotrophique – ou son diminutif, SLA –, dont l'issue est connue : la mort. On avait des doutes sur sa santé depuis plusieurs mois. Plusieurs fois, il a chuté. Il avait toujours une excuse, une raison valable, ce n'était pas sa faute. La maladresse n'y était pour rien, c'était un tiers, un pli dans le tapis, une racine…

Mes parents, je les vois deux fois dans l'année à cette époque. Mais j'ai ma mère tous les jours au téléphone en visio (et si je n'appelle pas, elle déclenche le plan

Épervier !) et elle m'évoque ces changements chez mon paternel. Je les ai un peu constatés lors de mon dernier passage, mais ça ne m'a pas trop alarmé. En y réfléchissant un peu, je revois certaines scènes de mon séjour. Oui, il a bien chuté, mais était-ce vraiment à cause d'une plaque de verglas ? Et ces tremblements, si discrets, en souffrait-il auparavant ? Je me mets à cogiter. Nous devons en avoir le cœur net. Hasard du calendrier, mes parents doivent venir tous les deux à Paris passer quelques jours à la maison pour profiter de leurs petits-enfants. Je devrais avoir toute latitude pour l'observer et voir s'il y a lieu de s'inquiéter. Peut-être même que je pourrai le convaincre de passer quelques examens.

J'y pense avant leur arrivée quand un événement précipite l'urgence : mon père vient à nouveau de chuter. Cette fois, c'est à la gare que c'est arrivé. Il est tombé sur les rails. Heureusement, il n'y a pas de gros dégâts mais les circonstances inquiètent. Mon père répète à qui veut l'entendre qu'on l'a bousculé, que c'est à cause d'une tierce personne qu'il a perdu l'équilibre… Ma mère ne veut pas le contredire, pas ouvertement.

— Damien, tu sais, à la gare, il n'y avait personne à côté de ton père quand il est tombé, me souffle-t-elle, à la fois gênée et inquiète.

Je décide d'évoquer cet épisode avec mon père. Il a 70 ans. Notre relation a évolué avec les années. Ce n'est pas un grand causeur mais je sais, je sens qu'il est heureux de ce qui m'arrive professionnellement. Et qu'il est fier de moi. On ne parle pas beaucoup. En tout cas, pas de sujets de fond. Là, il va falloir mettre les pieds dans le plat…

— Papa, tu sais, ta chute, gare de Lyon…

Comment lui dire que l'on s'inquiète ? Que l'on a peur pour lui ? Comment dire à quelqu'un qu'on aime qu'on l'aime ? Je tente la carte de l'humour, l'air faussement détaché. J'ai découvert en mûrissant que mon humour faisait rire mon père alors je m'en sers pour lui faire passer un message pas forcément marrant :

— On pense que tu devrais aller voir un neurologue, papa…

Il encaisse la nouvelle. Il n'est pas totalement dupe non plus, il sait bien qu'aucune intervention extérieure ne pourrait justifier sa chute survenue quelques heures plus tôt. Je ne sais pas si je suis responsable de cette prise de conscience. Mais il accepte finalement de prendre rendez-vous avec un spécialiste pas très loin de chez lui. Le rendez-vous est fixé quelques semaines plus tard, à Pontarlier. Il y passe une palanquée d'examens. Lorsqu'il m'appelle, je sais que c'est pour me faire part des résultats. Je sens un air glacé me parcourir l'échine quand son numéro s'affiche. Tout va trop bien dans ma vie, le sac de parpaings ne doit plus être trop loin…

— Cet enfoiré me dit que j'ai entre deux mois et trois ans, me balance-t-il sans préambule.

Y a-t-il des soins ? Une rémission possible ? Il élude tout ça, répond distraitement et tergiverse. À ma mère, il ne dit pas grand-chose. Sauf qu'il a un médicament à prendre. Je l'appelle donc en Facetime, lui demande de me montrer ladite boîte de comprimés et lance une petite recherche sur Internet en parallèle. Pas besoin d'être un fin limier, les cachets sont prescrits uniquement pour endiguer le mieux possible les symptômes liés à une maladie bien précise.

Voici donc comment Charcot fait irruption dans nos vies. Par la petite porte du déni et du non-dit.

— J'espère qu'ils vont le soigner vite, me dit ma mère, totalement dans le déni.

Ce n'est pas à moi de lui balancer crûment une vérité aussi dure et violente qu'irrémédiable. Il ne peut y avoir ni guérison, ni même rémission. Au mieux, un ralentissement de la dégénérescence, mais ça, il n'y a que l'avenir qui peut le dire.

Dans la famille, c'est un peu le drame de trop. La maladie a trop souvent frappé à nos portes. J'ai parfois l'impression d'être dans un très mauvais livre de Camus, entre une méningite, une pneumonie foudroyante et maintenant cette SLA qui va à nouveau endeuiller les

Jouillerot. La maladie de mon père me renvoie à mon enfance. À toutes ces choses que je ne sais pas lui dire, à cet amour sincère qu'il m'a si maladroitement exprimé et que j'ai tardivement compris.

Je prends conscience de sa finitude. S'il meurt, ou plutôt, quand il va mourir puisque c'est désormais une certitude à plus ou moins court terme, je ne serais plus un fils. Toutes ces choses que l'on n'a pas partagées appartiennent désormais à un passé impossible à changer et sont sabordées par un hypothétique futur, c'est irrévocable. Je pense à cette passion commune que l'on n'a jamais partagée. La cuisine. Mon père n'était pas un chef étoilé mais il cuisinait merveilleusement les « plats du pauvre », comme on disait. Son bourguignon avait le goût du « reviens-y », ses œufs à la sauce blanche étaient d'une simplicité déconcertante mais tellement bons ! J'ai hérité de son goût pour les fourneaux. Mais, même ça, je n'ai pas su le partager avec lui. On aurait pu se retrouver autour d'une recette, émincer, peler, faire rissoler ensemble. Partager des carottes à éplucher comme d'autres entretiennent leur relation père-fils autour d'une canne à pêche !

Mais le constat est sans appel. Merde, on s'est loupés, papa… Je ne vais pas avoir le temps de rattraper tout ça. Inconsciemment ou pas, je me noie dans le travail. Je fais en sorte d'aller un peu plus chez mes parents mais c'est surtout par les appels quotidiens que je garde le lien. D'ailleurs, même lui ne veut pas que je débarque trop souvent :

— Ah non, ne change pas tes habitudes pour moi, sinon, je vais vraiment avoir l'impression que je suis condamné, me lance-t-il alors que je commence à m'organiser pour faire plus d'allers-retours.

L'humour est la politesse du désespoir, paraît-il…

Parfois, je dois un peu forcer mon sourire quand ma mère m'envoie un message pour me dire qu'il n'a pas la forme, qu'il a besoin de se changer les idées, qu'elle espère que je pourrai le faire rire… On échange quotidiennement. Je le vois s'affaiblir. Mais je découvre aussi autre chose. Dans son regard, je lis la fierté qu'il a d'être notre père. De nos parcours. À mon niveau, je note l'étincelle qui revient dans son regard lorsque je lui raconte mes journées, même si lui, le cartésien, continue sans doute de penser que ce n'est pas un « vrai » travail comme la boulangerie ou la mécanique. Au moins, je vis d'une passion et il comprend que c'est le plus important. Ce n'est pas qu'une vue de l'esprit : au fil de nos échanges, le lien ténu mais indéfectible qui nous unissait se renforce. Il me parle, se confie. Et me dit sans détour qu'il est fier de moi. Non, ce n'est rien, papa, ce n'est qu'une poussière dans l'œil…

Il m'aura fallu toutes ces années pour que mon père laisse son tomber sa carapace. Pas de câlins, pas de « Je t'aime »… Je repense à ce deuxième croissant qu'il m'a acheté quand j'ai décroché le rôle dans *Monsieur Batignole.* Ce petit geste, anodin pour certains, c'était son « Je t'aime » à lui.

Mais je ne peux pas m'empêcher, alors que les semaines s'écoulent, de me focaliser sur toutes ces fois où j'aurais eu besoin de lui et où il n'a pas su répondre à mes appels silencieux. Où était-il quand Ils en avaient après moi ? Pourquoi sa seule réaction face à tout ça a-t-elle été aussi dévastatrice ? Lui en vouloir serait trop simple. Au fil de nos échanges de plus en plus profonds, je comprends qu'il a fait avec les moyens du bord lui aussi. Pas vraiment d'exemple paternel. Il a appris sur le tard, sans connaître les codes. Mon frère, mes sœurs et moi, il nous a aimés. Maladroitement mais c'était son amour.

J'ai déjà eu peur de le perdre. Il y a quelques années, il a eu un cancer de la vessie plutôt agressif. Il s'en est tiré. Mais ça n'a pas débloqué nos échanges. Cette fois, c'est l'ultime chance que nous avons de faire vraiment connaissance et je ne veux pas la gâcher. Parce que même s'il est imparfait, j'ai besoin de lui. Je ne suis pas prêt à ne plus l'avoir dans ma vie. J'ai l'impression que si je le perds, je ne serai plus un fils mais seulement un père. Et si je n'étais pas à la hauteur ? Dans ma tête, c'est compliqué de tenir le choc.

C'est toute ma jeunesse qui défile alors que la flamme qui anime mon père vacille. Ils sont là. Avec ce qu'Ils m'ont fait subir, Ils m'ont en partie privé de ma relation avec lui. Parce qu'on ne s'est pas compris à cette période charnière, un fossé s'est creusé entre lui et moi. Ils ne sont pas responsables de la maladie de mon père mais Ils sont, en partie, la cause de la distance entre lui et moi.

Les mois passent. Chaque jour qui s'écoule est une victoire sur la maladie qui l'affaiblit et une défaite sur le sablier. Je continue de tourner, j'ai besoin de m'occuper l'esprit pour ne pas penser à la Faucheuse qui rôde. Je sais que chaque projet sur lequel je suis retenu alimente sa fierté. Il n'a raté aucun de mes rôles à la télévision ou au cinéma. Ma moindre apparition, même deux minutes en arrière-plan, il l'a vue. Alors quand sort *Et la montagne fleurira*, ma première réaction, c'est de me dire : « Merde, papa, tu le verras pas… »

Il est mort quelques semaines avant. Simplement. On m'a appelé quand sa dernière heure est arrivée. Par téléphone, j'ai pu l'accompagner jusqu'à son dernier souffle.

Quand il est tombé malade, j'ai pris une vraie claque dans la gueule. Mais lorsque mon père est mort, ça a été un uppercut à la Tyson. Je suis redevenu le petit

Jouillerot, le vicos sans protecteur. Les ténèbres se resserrent sur moi. Certains y voient un coup de mou dû au deuil. Mais les digues que j'ai construites de bric et de broc viennent juste de s'effondrer. Il y a sans doute un terme savant et médical pour cela. Moi, j'appelle ça simplement une dépression…

9

Sur des ruines

Mon père est mort. Mon. Père. Est. Mort. On a beau savoir que c'est l'ordre logique des choses, que les parents partent avant leurs enfants normalement, je ne le mesure pas. J'ai perdu un homme que, finalement, je connaissais très peu mais que j'aimais sincèrement. On ne s'est pas toujours compris. Même pas souvent, en vérité. Mais il a été là à sa manière. Je ne pourrai jamais oublier à quel point il était heureux que l'on me reconnaisse dans les rues de Besac ou de Maîche. Quelque part, à travers moi, c'était aussi lui que l'on reconnaissait. Sa famille. Son sang. Celui qui pulse dans mes veines et qui s'est glacé dans les siennes.

Je suis allé voir le corps au funérarium. Je ne voulais pas, j'en avais besoin… Je ne sais plus trop. Mon fils a tenu à m'accompagner. J'ai résisté mollement. Pas sa place. Pas son rôle d'être ma béquille. C'est moi le paternel. C'est ma prérogative de le protéger, pas la sienne. Mais je n'ai ni la force, ni les arguments pour le dissuader. Et sans doute mon langage non verbal a-t-il prouvé le contraire. Quelque chose était fissuré en moi, la mort de mon père a été le dernier coup de marteau sur la vitre. Mais il faut attendre avant d'exploser. Mon inconscient me le souffle et ma conscience est absorbée par les formalités. Je prends en grande partie les choses en main pour l'organisation de la cérémonie. Pour soutenir ma mère, la décharger de tout ce qui peut l'être. Être sa béquille. Non, ce n'est pas aux enfants d'assumer ce rôle… Normalement.

La cérémonie se déroule sous un ciel des plus cléments. C'est plus agréable d'être triste au soleil. On se retrouve, familles et amis, dans une ambiance émouvante. Il y a de la tristesse, normal, mais aussi de la dignité. Je ne réfléchis pas. J'agis. Solide comme je ne l'ai jamais été. Solide à son décès. Solide dans l'organisation de la cérémonie. Solide quand il faut porter le cercueil. Solide quand il faut le descendre dans le caveau familial. J'ai l'impression de n'avoir pas tenu mon rôle de fils de son vivant, je ne me déroberai pas dans sa mort.

Il n'y a que le discours lors de la cérémonie que je refuse de faire. Contrairement à ce que l'on pourrait imaginer. Il ne s'agit pas de trac ni de manque d'inspiration, j'ai d'ailleurs écrit les mots qui ont été lus ce jour-là. Mais je reste échaudé par des expériences passées. Je me souviens qu'à l'enterrement de mon frère, alors que j'étais bien dévasté, une femme du village, que l'on connaissait forcément, était là. Elle avait la tristesse de convenance. Après tout, quand on est d'un pays comme Maîche, la disparition de quelqu'un touche tous les habitants. Je n'étais donc pas surpris de voir les proches et les moins proches venir rendre hommage à feu mon frangin. Alors qu'elle s'approchait de moi, j'imaginais que c'était pour me réconforter, glisser un simple « condoléances » bref, sincère et offrant la demi-seconde de réconfort dont on a besoin à ce moment-là. Mais non. Elle s'est plantée devant moi et a extrait d'un sac une enveloppe kraft. Elle me l'a tendue.

— Tiens, Damien, je t'ai mis les photos de mes fils.

J'ai été interloqué.

— Tu crois que tu pourrais leur dégotter un rôle ? Je ne sais pas, un petit quelque chose à la télévision ? Ils sont plutôt à l'aise et naturels.

J'étais abasourdi.

— Je t'ai mis mes coordonnées et les informations qui les concernent : date de naissance, taille…

J'avais l'enveloppe dans mes mains, les jointures de mes doigts étaient blanches tellement je me contenais. Péniblement, j'ai articulé un « ouais, ouais », qu'elle a sans doute pris pour un encouragement.

— Après tout, si toi tu y es arrivé grâce à ton audace, il n'y a pas de raisons que ça ne marche pas pour eux, hein ?

Il n'aurait plus manqué qu'elle me fasse un clin d'œil et me donne un petit coup de coude complice pour que je ne puisse plus me contenir malgré la solennité du moment. Heureusement, elle m'a planté là et a disparu comme elle était apparue. Si elle me lit aujourd'hui, qu'elle sache que son attitude ce jour-là m'a profondément heurté et qu'elle n'a fait que donner du crédit à la célèbre phrase d'Audiard : « Les cons, ça ose tout. C'est même à ça qu'on les reconnaît » !

C'est bête, sans doute, mais je viens d'une petite ville. Je reste la « star » locale. Celui qu'on a vu au cinéma, à la télévision. Le jour de la cérémonie en l'honneur de mon père, j'ai peur que l'on me reproche de me mettre en scène, de vouloir capter la lumière. Alors qu'à ce moment précis, je redeviens le Gibus que j'étais avant de partir.

*

Je reste plusieurs jours dans la commune. Je croise beaucoup de gens. Des regards compatissants, essentiellement. Des bons copains, comme Julien, que je ne vois plus beaucoup mais avec lequel le lien ne s'est jamais distendu.

J'ai énormément de choses à régler pour ma mère. Je mets ma phobie administrative de côté pour me plonger dans la paperasse de mes parents. Impôts, pension de réversion, abonnement téléphonique, caisse de retraite... Tout y passe. Je suis hyper-investi. Je veux absolument décharger ma mère de tout ce qui peut l'être. Elle a subi, ces derniers mois, je lui dois bien ça.

On ouvre les tiroirs et les boîtes à souvenirs. On sourit et on s'émeut en revoyant des photos. J'en apprends aussi beaucoup sur les aïeux Jouillerot. Je découvre qu'une bonne partie de notre histoire s'est construite sur des non-dits. Mon père n'était pas un grand causeur parce que personne ne lui a montré que l'on pouvait causer. Je découvre par exemple que j'ai une tante que je ne connaîtrai sans doute jamais. Je tombe sur une photo – la seule ? – de mes grands-parents maternels... Je parle avec ma mère. Une vraie discussion qui me donne l'impression d'écrire le scénario d'une saga estivale de TF1 des années 1990. Toutes ces années durant lesquelles les non-dits nous ont bouffés. Quand on n'exprime pas les problèmes à voix haute, quand on les met sous le tapis, ça se répercute sur les générations suivantes. Les pièces du puzzle s'assemblent doucement. Et expliquent en partie mon passé. Et si j'avais su tout ça avant ? Et si cette chape de plomb n'avait pas plombé mon enfance ? La dépression qui me rôdait autour s'abat sur moi. Ils avaient toutes les clés pour me démolir puisque je n'ai pas pu vraiment me construire…

*

Le retour à Paris s'avère âpre. Il faut que je reprenne le taf rapidement. Le monde ne s'arrête pas de tourner, le cinéma et la télévision non plus. Et les prétendants sont nombreux pour accompagner cette course folle. La nature a horreur du vide comme les réalisateurs et metteurs en scène : ils ont besoin de mettre quelqu'un devant la caméra et devant le public…

Mais je suis à plat. Sans doute le contrecoup des dix derniers jours. Après avoir enterré son père, on a le droit d'être un peu ramollo, non ? Mais je sens bien que dans mon cas, ce n'est pas juste un coup de mou. Les racines sont bien plus profondes qu'une « simple » période de deuil. Mon agente percute vite. J'ai plusieurs castings en préparation. Elle me déconseille de m'y rendre.

— On est une équipe, Damien. Si t'es pas bien, c'est mon rôle de ne pas te mettre en difficulté. Des castings, il y en aura d'autres. C'est mieux de laisser courir pour l'instant…

Elle a raison. Sauf pour la partie « courir ». J'en serais bien incapable ! Je n'ai pas la force physique qui me permettrait d'apprendre un nouveau rôle. J'ai la tête brouillonne, je n'arrive pas à lire les textes reçus. Mon esprit est brouillard. Il n'y a que la pièce *Les Crapauds fous* que j'arrive à tenir car je suis rodé. Et puis ça me donne l'opportunité de boire un coup régulièrement sans passer pour un alcoolique. Parce que j'ai fortement envie de picoler à cette période. J'ai besoin de mes « vacances à Hawaï » pour tenir. Le théâtre est ma seule porte vers l'extérieur, le seul moment où je me force à sourire, où je fais semblant de ne pas aller si mal.

Sinon, c'est la loque. Chez moi, chez nous, je suis amorphe. Capable de squatter le canapé du matin au soir. Je vois ma femme qui s'active, qui gère l'intendance, 99 % de ce qui concerne les enfants. Par respect pour eux et pour moi, je garde tout de même le réflexe de me laver, mais il faut voir les efforts que cela me coûte. Si je m'étais retrouvé seul à ce moment-là, sans doute aurais-je totalement perdu pied.

Cathy me secoue les puces. Elle a besoin de moi pour s'occuper de notre famille. Et elle a besoin de moi parce qu'elle m'aime. Mais je ne suis pas vraiment là. Il y en a d'ailleurs un qui serait bien content que je ne sois pas là du tout. C'est Gabin. Il morfle pour tout le monde, lui. C'est un adolescent et je vois en lui tout ce que j'ai détesté à cette époque. L'adolescence me renvoie à ces moments tristes et douloureux que je subissais. Je n'imagine plus de lendemains.

J'en sors pas
Cafard
Bad trip
Idées noires
Avalé par l'espace au fond d'un entonnoir

Bernard Lavilliers résume bien la situation. Les pensées qui m'habitent sont aussi sombres que la mine des crayons que je ne touche même plus. Moi qui aime tant dessiner pour exorciser mes démons, je n'arrive même plus à sortir une feuille blanche. Cathy a beau essayer de me tirer vers le haut, elle parvient tout juste à me garder la tête hors de l'eau. Je sais que c'est elle qui a raison, qu'il faut que je me secoue. Mais c'est comme si je l'entendais alors à travers une vitre blindée : le son est étouffé et rien n'y fait, elle n'arrive pas à la briser pour me rejoindre.

Merde, Damien ! T'es pourtant habitué à couler. Plus d'une fois tu as touché le fond ! Et à chaque fois, tu as donné le petit coup de talon qui va bien pour remonter à la surface.

Pas cette fois. Je coule, je coule, je coule, mais je ne touche pas le fond de la piscine… Et le petit pull marine ne me va pas au teint. Et plus on coule, plus l'obscurité est profonde. Et je suis tellement léthargique que je ne sais même pas si j'aurais la force de remonter un jour. Je n'y crois même pas. Même plus.

Le peu d'énergie que je conserve, c'est Gabin qui le prend en pleine poire. J'ai à peine la force de dire bonjour à ma femme et de sourire à ma fille. Mais pour Gabin, je rassemble la moindre parcelle d'énergie qui me reste. Et je lui gueule dessus en permanence. Je n'ai aucune patience le concernant. Tout en lui m'horripile à ce moment-là de ma vie. Il m'énerve. Car je vois qu'il fait les choses un peu comme moi, je les faisais. Et j'ai envie de me péter la gueule si je peux me permettre d'être vulgaire. Je me revois à son âge, une cible mouvante. Toutes les choses de mon passé me retournent le bide. Alors, j'ai envie de le secouer. Je ne veux pas qu'il vive ce que j'ai vécu. C'est moi que je pourris à travers lui ! Je n'ai pas envie d'une histoire comme la mienne pour lui et je ne veux pas revivre tout ça par procuration.

Sauf que lui, en pleine adolescence, ne capte pas mes messages maladroits. Et mon attitude n'est pas franchement constructive. C'est violent. Nous étions si liés et voilà qu'un fossé gigantesque se creuse entre lui et moi. Comme si ma communication proche du néant avec mon père devait se répéter avec mon fils.

Il s'éloigne, c'est légitime. Moi, son père, je devrais être un modèle, un phare pour le guider vers l'âge adulte. Mais il ne se sent pas protégé à mon contact. Ils pourraient s'en prendre à lui maintenant que je serais bien incapable de me poser en rempart. Je sens qu'il n'a pas envie d'être avec moi. Je le comprends. Moi-même, si je pouvais m'échapper de ma compagnie, je le ferais volontiers. Je m'en veux. De tout. De ne pas avoir su me préserver d'eux. De ne pas être un modèle. Comment montrer l'exemple quand on ne se satisfait pas de ce que l'on est ? Comment dire à son fils que l'on veut le meilleur pour lui quand on n'a pas été suffisamment boosté pour l'obtenir pour soi ? Là, maintenant, tout de suite, je suis heureux de mon parcours d'autodidacte. Mais à cette période de ma vie, alors que la dépression me hante, je ne vois qu'un gars qui n'a pas été capable de passer un diplôme. Et je crains que l'histoire ne se répète pour Gabin. Il ne sera pas assez armé s'Ils reviennent. Et ce sera ma faute.

10

Des fondations à reprendre

Je m'enferme dans une spirale infernale. Progressivement, je deviens l'ombre de moi-même. Je picole un peu. Sans doute trop. Je n'ai plus goût à rien. Je me casse la santé, je me casse la tête. Je voudrais me casser tout court. Heureusement, il y a ma femme et mes enfants. Eux seuls m'empêchent d'envisager l'irrémédiable. On a vécu trop de drames dans la famille pour que je leur inflige cela. Mais il n'empêche que la situation ne peut plus durer. Je deviens une loque. Et chaque jour qui passe est un fardeau. Ça ne peut pas continuer ainsi. Je ne peux pas continuer à me morfondre, à prendre la forme de mon canapé et à chialer pour un rien devant n'importe quelle daube à la télé ou même une pub ! *Secoue-toi, Damien !*

Dans un éclair de lucidité, j'appelle une amie psychologue pour enfants afin qu'elle m'oriente vers l'un de ses confrères ou l'une de ses consœurs. Elle me connaît et, surtout, elle connaît mes réticences face à ces thérapies bien que, professionnellement parlant, la psychologie me fascine ! J'ai testé la chose à deux reprises par le passé et on ne peut pas dire que cela a été vraiment concluant. La première fois, j'avais une douzaine d'années et nous venions de vivre un drame dans la famille. Cela m'avait particulièrement choqué et j'avais éprouvé le besoin de me confier à une tierce personne. J'ai vu une autre psychologue vers 25 ans. Mais ça n'a pas matché entre nous et j'ai vite refermé ce chapitre. Trop lisse, pas assez rentre-dedans. Je cherchais à être secoué sur mes bases, pas à me retrouver face à quelqu'un d'une apparente passivité. Je suis donc sceptique en demandant de l'aide à cette amie. Mais il faut bien tenter quelque chose. Et jamais deux sans trois !

Elle m'oriente vers l'une de ses connaissances ayant la double casquette de psychologue et de psychiatre. Dans son agenda bien rempli, elle accepte de me faire une place « pour faire connaissance ». Le premier rendez-vous est dense mais calme. Je lui parle de ma vie et des soubresauts que j'ai connus – si vous êtes arrivé jusqu'ici, vous savez qu'il y en a eu quelques-uns ! –, de maladie, d'alcool, de la mort qui a frappé à de nombreuses reprises chez les Jouillerot… Elle écoute, relance, affine… Ce premier entretien me semble plutôt positif. Évidemment, je n'en sors pas guéri, mais j'ai l'impression que le petit coup de talon que j'attendais, elle va pouvoir m'aider à le donner ! Elle accepte de me suivre et je souhaite la revoir rapidement. Dès le deuxième rendez-vous, je sens bien qu'elle m'a cerné. Moi qui voulais être chahuté, je suis bien servi. Elle va chercher des choses très vite au fond de moi. Elle me bouscule, me contredit. Elle engage une partie de ping-pong verbal et décortique en temps réel chacune de mes phrases. Elle me replonge dans mes années de harcelé scolaire. Pour elle, mon hypersensibilité est une des conséquences de cette époque. Tout comme ce syndrome de l'imposteur qui reprend parfois le dessus. Elle me dit d'ailleurs cette phrase qui va me rester :

— Vous savez, vous avez le droit de dire que vous êtes bon…

C'est libérateur. Pendant des années, on m'a pris pour un con, pour un nul, pour un chanceux. Même lorsque j'ai été nommé aux César, cela n'a pas vraiment changé la donne. Là, elle m'offre le droit de m'affirmer. Lorsqu'elle me dit ça, me revient une anecdote pas si lointaine. Je suis à un salon du livre, invité après la publication d'un de mes ouvrages de dessins. À la fin de la journée, j'ai signé plus d'une vingtaine de livres. L'auteur installé à côté de moi, peste : il en a signé trois ou quatre.

— Ouais, mais c'est normal, toi, t'es connu, donc les gens achètent juste un nom, pas la qualité, balance-t-il en rangeant ses ouvrages.

Je bégaie une vague défense, minimisant sincèrement ma notoriété, tentant de défendre mon livre et sa qualité… Mais son raisonnement me blesse et m'interroge. Il transforme ce qui aurait dû être un petit moment de fierté en tabou.

Alors, grâce à cette phrase de ma psy, je remets tout cela en perspective. Oui, j'ai eu de la chance de croiser la route de Gérard Jugnot, mais j'ai bossé pour continuer dans cette voie. J'ai sorti six livres de dessins quand des gars qui ont fait les Beaux-Arts sont en galère, je ne suis pas sûr qu'un éditeur m'aurait accompagné si longtemps s'il n'y avait pas cru un peu ! En m'aidant à retirer mon paletot du syndrome de l'imposteur, elle m'aide à me redresser physiquement et moralement. C'est l'une des premières pièces du puzzle. Puis elle plonge plus loin dans mes souvenirs, rangés comme une chambre d'adolescent. Avec une figure récurrente. Celle de mon père. Elle pointe aussi dans mon parcours une rupture qui m'empêche d'être adulte. Ou plutôt, qui m'a empêché de grandir. Les années ont passé mais je suis resté l'enfant qui avait peur de se prendre une raclée au bout du couloir ou de retrouver ses affaires imbibées d'urine. La mort de mon père et les événements récents m'ont fait grandir violemment et j'en paye le prix.

Les rendez-vous sont nombreux. Elle avance à mon rythme, me donne le nécessaire pour nettoyer mes plaies intérieures. Parfois, ça pique fort. Il m'arrive même d'annuler au dernier moment des séances car j'ai trop peur des effets potentiels. Elle ne m'en tient jamais rigueur. Mais, grâce à son expertise, j'avance. De petits pas en grandes enjambées. C'est notamment grâce au travail mené avec elle qu'il y a peu – car je continue de la voir –, j'ai réussi à entrer dans le lycée de mon fils sans crise d'angoisse.

Elle a soufflé sur la dernière braise que j'avais en moi et qui pouvait allumer le brasier du changement. J'avais envie de me rencontrer enfin. Et de me trouver pas trop mal à défaut de m'aimer.

11

Reconstruire

Si ma relation père-fils *post-mortem* s'arrange, je dois maintenant prendre la pleine mesure du fait que, désormais, c'est moi le « père ». Et j'ai toujours peur pour mon Gabin. Peur que le schéma se reproduise comme si je lui avais transmis un brin d'ADN de vicos au moment de sa conception. Dans tout cela, ce qui est étrange, c'est que j'ai l'impression que ce n'est pas lui que les autres jeunes vont chahuter mais que c'est moi, l'adulte, qu'Ils vont emmerder ! Même après toutes ces années, Ils vont me reconnaître.

Gabin, lui, il sait s'adapter. Il est très fort, socialement. Beaucoup plus que moi à son âge. On ne lui cherche pas de noises, il se fait des copains. Il est aux antipodes de ce que j'ai été, loin d'imaginer ce par quoi je suis passé. Et je sens bien qu'il a percuté : quelque chose cloche chez son père. Il perçoit les angoisses que j'ai bien du mal à dissimuler au demeurant. J'ai beau le savoir, je ne me maîtrise pas.

Côtoyer la famille de ma femme m'a un peu aidé à évacuer le stress vis-à-vis des profs. Son père, proviseur, vivait même dans un collège, il m'a fallu lutter contre cette sensation anxiogène que je pouvais ressentir dès que je franchissais les portes de l'établissement pourtant vide, mais j'y suis arrivé. En revanche, je n'arrive pas à ne pas imaginer le pire quand je vois mon fils au milieu des autres élèves. Faire confiance. À son enfant d'abord. J'ai beaucoup travaillé là-dessus avec ma psy. Lui faire comprendre qu'il peut nous parler quand il veut, qu'il n'est pas seul. Qu'il peut se défendre aussi. Et pas uniquement physiquement, même si j'ai voulu qu'il fasse du judo et de la boxe pour pouvoir montrer les muscles en cas de besoin ! Mais comment octroyer une confiance aveugle à autrui lorsque, plus jeune, vous aviez des suées en traversant un couloir car le danger pouvait arriver de n'importe où ?

Mais Gabin n'est pas moi. Il a besoin de vivre ses expériences sans que je lui transmette mon mal-être sur cette question. Il m'a fallu beaucoup de temps pour l'admettre. Me replonger dans mon histoire pour ce livre m'a aussi incité à lui parler de ce que j'ai vécu. Trop de non-dits. J'avais jeté un voile sur tout cela, pensant que mes enfants n'avaient pas besoin de connaître les détails de mon passé. Peut-être craignais-je aussi de devoir justifier ma passivité…

— Mais, pourquoi tu ne t'es pas défendu, papa ?

Comment répondre à cette question ? Comment lui résumer la tétanie qui m'empêchait au mieux de me défendre, au pire de blesser, voire tuer quelqu'un tellement j'étais à bout ? Comment lui expliquer sans lui faire peur que j'ai pensé au pire pour moi ?

Alors, au fur et à mesure que ces pages s'écrivaient, on a causé, Gabin et moi. C'était le moment. Il s'interrogeait de plus en plus sur ce que j'avais vécu. Et je voyais bien qu'il se tournait de plus en plus vers sa mère pour tenter d'avoir un semblant de réponse à des interrogations qu'il n'osait pas formuler.

On a causé. Parce qu'il a entendu que l'on avait uriné sur mes affaires et qu'il n'avait ni le début, ni la fin de l'histoire.

On a causé. Parce que le silence, même si on le pense bénéfique, ne fait que créer de la distance et de l'incompréhension.

On a causé. Parce que mon expérience, détestable, du harcèlement, peut lui être utile, à lui, ou à l'un de ses camarades qui en serait victime.

On a causé. Parce que je devais me révéler dans mes failles aussi.

Il avait eu des échos ; des bribes de ma jeunesse. Une version édulcorée. En gros, papa n'était pas bon à l'école, les profs ne l'aimaient pas beaucoup et il n'était pas forcément très sociable. Et comme papa n'était pas un bon élève, limite un peu cancre, il avait arrêté les études. Fin de l'histoire, merci, au revoir. Top, l'image du paternel bonnet d'âne et un peu benêt. Il était temps aussi de rétablir la vérité pour que mes enfants comprennent ce que je suis. Et pour qu'ils ne voient pas que le saltimbanque, le clown que l'on ne prend pas forcément au sérieux parce que je suis artiste et donc, forcément, fantasque !

On a causé. Parce que j'ai perdu mon père et que l'on a réussi à se dire les choses avant le grand départ, et que cette mise au point dans notre histoire a soulagé tout le monde et libéré la parole.

On a causé. De tout ce qu'il y a dans ce livre et même d'un peu plus de choses, que je ne souhaite pas dévoiler. Parce qu'il y a déjà bien assez de moments douloureux ici pour ne pas en remettre une couche par endroits, et parce que certains détails, certains pans de l'histoire feraient trop de peine à d'autres personnes.

Je lui ai raconté, le laissant poser les questions qu'il voulait, n'occultant ni mes douleurs, ni mes erreurs, ni ma propre violence.

Il comprend maintenant pourquoi j'ai ce syndrome du chien battu, contre lequel je lutte, qui peut me rendre hargneux parfois. Il comprend pourquoi je suis à fleur de peau dès que je vois quelqu'un subir une injustice. Il comprend mes difficultés lorsque je suis confronté à l'univers scolaire.

Il va rentrer au lycée bientôt. Je me sens soulagé d'avoir crevé cet abcès avec lui et d'avoir nettoyé la plaie.

Ce matin, je l'ai déposé dans une colonie de vacances. Une semaine, loin de nous, au milieu d'autres jeunes qui ne se connaissent pas. J'avoue, cela m'a secoué. Ils vont se moquer de lui. Ils vont le blesser. Ils… Ils… Ils… Il a tout ce qu'il faut dans la tête pour ne pas se laisser faire et alerter en cas de problème.

Faire confiance, ce n'est pas oublier. C'est transcender ce que j'ai vécu pour essayer de faire en sorte que ça n'arrive plus. C'est me dire que ce témoignage, à ma petite échelle, peut servir à une victime ou à l'un de ses proches. « Un vieux assis voit plus loin qu'un jeune debout », dit le proverbe burkinabé. J'ai aujourd'hui suffisamment de bouteille pour savoir que mon expérience peut servir en la matière.

Mais la confiance n'exclut pas le contrôle. Je sais aussi que l'on peut vite basculer du harcelé au harceleur. C'est facile de reproduire ce que l'on a subi. De prendre l'ascendant sur quelqu'un, d'être fort avec les faibles, de se laisser porter par l'effet de meute. Et c'est dès le plus jeune âge qu'il faut faire attention à cela.

Car, cela commence par des petites choses. J'ai connu ça récemment avec ma fille. Elle est douée, elle est rapide, elle a du répondant ! Elle n'est qu'en maternelle mais elle montre déjà un sacré tempérament et ne se laisse pas faire. Au point qu'il a fallu aussi lui apprendre que certaines actions peuvent blesser les autres. Pas juste physiquement. Cultiver l'empathie, la bienveillance, c'est primordial, dès le plus jeune âge. C'est ce qui permet d'éviter les violences et de s'élever contre elles. Je n'en veux pas à ceux qui ont détourné le regard quand ils auraient pu intervenir. Ou, plutôt, je ne leur en veux plus. Mais je ne voudrais pas que mes enfants fassent un jour la même chose.

Le harcèlement, ce n'est pas qu'entre le harcelé et le ou les harceleurs. C'est un système mortifère se nourrissant du silence qui l'entoure. Il faut en parler, le dénoncer. Ne pas détourner le regard « parce que ce sont des gamins et que les gamins sont parfois cruels entre eux ». Le sujet est de moins en moins tabou. Tant mieux si cela permet de libérer la parole, de lever le voile sur des souffrances tues.

Je ne ferai jamais la paix avec mon histoire. Mais on peut éviter que d'autres déclarent la guerre à la leur.

Épilogue

Et si on agissait ?

Si je pouvais rencontrer le Damien que j'étais à 12 ans, j'aurais tellement de choses à lui dire. Mais je l'observerais d'abord. Son air rêveur lorsqu'il se sait seul et en sécurité. Ses traits tendus et sa nervosité apparente lorsqu'il est dans un environnement potentiellement toxique pour lui, où il sait qu'une rouste peut survenir au bout de ce couloir… J'irais le voir, ce gamin, si j'avais cette chance. Et je lui dirais d'être moins… Passif.

— Tu sais, Damien. Tu pourrais essayer de ne pas subir ce qui t'arrive et d'avoir du répondant. Je ne dis pas que tu dois rendre coup pour coup. Ajouter de la violence à la violence, ce n'est jamais la solution. Mais tes spécificités, au lieu de vouloir les gommer pour ne plus qu'Ils te repèrent, tu devrais les assumer…

J'ai rendu des raclées parfois, à cette époque. Ça n'a fait que renforcer la fureur de mes harceleurs. Je ne dis pas non plus que tendre l'autre joue est la solution. Pour le coup, c'est, à mon sens contre-productif. Quel message cela envoie-t-il ? « Allez-y, faites ce que vous voulez de moi et tant pis si je morfle… »

Non, on n'a pas les clefs de tout ça quand on est môme. On n'a pas la conscience que faire un pas de côté pour regarder la situation différemment peut être salvateur plutôt que de continuer sur la même ligne et foncer droit vers l'échec. Ce que l'on veut, à cet âge-là, c'est avoir plein de copains, rigoler, vivre ses premières expériences. Je pense que s'Ils avaient changé d'attitude à mon égard, j'aurais pu passer l'éponge très vite. Juste pour qu'Ils soient mes amis…

Je ne sais pas si le Damien de l'époque aurait compris. Mais je lui aurais tendu la main. Car c'est important que les adultes soient dans la boucle quand il y a un problème. Surtout, que lesdits adultes soient vigilants au moindre changement d'attitude. On le voit, un gamin qui change. Le mal-être trop souvent mis sur le dos large de la crise d'adolescence peut avoir des racines bien plus pernicieuses que le simple chamboulement hormonal. C'est à nous, adultes, de sauver ces gosses. Pas comme l'a fait maladroitement mon père. Il pensait sincèrement qu'attaquer frontalement les agresseurs permettrait à son fils de ne plus être la cible idéale. C'est méconnaître le mécanisme du harcèlement scolaire qui ne laisse aucune place à la faiblesse.

Je n'ai pas la solution miracle. Je ne suis pas un expert. Je ne peux que m'appuyer sur mon expérience. Encore une fois, et c'est important pour moi, je n'en veux pas à mon père d'avoir essayé de prendre ma défense. Il a cru bien faire et a réagi avec ses connaissances, son instinct et ses tripes. Mais, pour moi, la base, c'est d'en parler entre adultes. De parents à parents. Bien sûr, personne n'a envie que son enfant soit la victime d'une petite bande et c'est humain de vouloir appliquer la loi du Talion. Mais je suis aussi persuadé qu'aucun parent n'est fier d'avoir un enfant harceleur ; d'autant plus que l'on connaît les conséquences dramatiques que cela peut avoir.

Être sermonné par un adulte quelconque, ça ne fera pas changer d'un iota les fortes têtes. Par contre, quand c'est maman ou papa qui vous chope pour vous mettre le nez dans le caca, généralement, ça fait son petit effet. Mais j'ajoute aussi qu'il faut de la mesure. On ne sait jamais ce que vivent les gamins chez eux. Je ne pourrais pas accepter non plus qu'un môme, fût-il harceleur, se prenne une avoinée par son père pour ce qu'il a fait. Le cercle de la violence n'a jamais rien entraîné de bon et je crois profondément que, à cet âge-là, on peut passer par la pédagogie et l'échange.

L'autre solution peut venir du corps enseignant. Les professeurs n'ont pas la possibilité de tout voir. On le sait, le métier est dur et il ne va pas en s'arrangeant. On ne peut pas tout leur mettre sur le dos. Oui, j'ai eu des enseignants qui faisaient le jeu de mes harceleurs. Mais, sans angélisme, je suis convaincu que je n'ai pas eu de bol et qu'ils ne mesuraient pas la portée de leur attitude à ce moment-là. Je ne leur en veux plus, j'ai dépassé ça. Mais des remises à niveau régulières sur la question du harcèlement scolaire ne me paraîtraient pas totalement aberrantes. J'ajoute qu'il est indispensable de les informer en temps réel de ce qui se passe si un enfant est harcelé ; encore plus rapidement si la discussion avec les parents n'a rien donné. Après tout, parfois, on tombe sur des abrutis, il ne faut pas se cacher derrière son petit doigt !

Enfin, et cela peut être concomitant, il y a la plainte. J'aurais dû. Quand Ils me sont tombés dessus à plusieurs. Quand Ils ont souillé mes affaires comme des animaux. J'aurais dû.

Chacune de ces étapes doit réduire le champ des possibles pour le harceleur. Zéro tolérance, zéro impunité. De l'action, de la réactivité, de la gradation. Mais pas d'inertie. La victime doit savoir que l'on agit pour elle. Se sentir considérée. Le silence a trop tué. Les regards détournés aussi. Il a fallu attendre 2023 pour que l'on se dise enfin qu'il ne serait pas stupide de changer le harceleur d'établissement pour que ce soit lui qui soit pénalisé, et non sa victime… C'est dire le chemin qu'il reste à parcourir.

Depuis que j'ai pris la parole sur ce sujet dans les médias, une amie m'a demandé de contacter son fils alors qu'il entrait au collège. Il est cool, ce gamin. Il porte des bretelles arc-en-ciel, il a une oreille percée… Ça n'a pas raté : quelques jours après la rentrée, il s'est pris des insultes homophobes, Ils ont commencé à s'en prendre à lui. Il a fallu se mobiliser à plusieurs reprises pour qu'il y ait de réels changements et que la situation redevienne supportable. Car, dans les premiers temps, les professionnels de l'éducation et les parents minimisaient les faits. Il a fallu remettre plusieurs fois les pendules à l'heure. Et ça a fonctionné. Et ça valait le coup ! Mais à ce gamin, je l'ai dit et redit : « Ne change pas ce que tu es. Tu n'as pas à rentrer dans un moule ! »

Communication, patience, bienveillance, persévérance. Je rêve que l'Éducation nationale crée des référents « harcèlement scolaire » dans chaque collège et lycée. Il faudrait aller les chercher chez les troisième et les élèves de terminale. Ce serait des « grands » vers lesquels les gamins pourraient se tourner pour être en lien avec des personnes de leur génération. C'est moins intimidant parfois. Et ces référents serviraient de passerelle avec les adultes pour que chaque alerte soit traitée en temps réel. Ils pourraient aussi désamorcer les situations avant qu'elles ne s'enveniment. Plus on agit vite, moins on laisse la situation s'installer, plus on évite les traumatismes. Plus on sauve des vies.

Introspection

Cela m'a remué de me replonger dans ce passé si lointain et pourtant toujours si proche. C'est compliqué pour moi d'écrire le mot « victime » me concernant. Il n'y a eu ni procès ni sanction. Seulement moi avec mes douleurs, léchant mes plaies comme un animal blessé. Pourtant oui, j'ai bien été une victime du harcèlement scolaire. Je ne veux pas que cette appellation me définisse. D'abord, par respect pour ceux que le harcèlement scolaire a tués. Jonathan, Lindsay… Ils et elles sont autant de coups de poignard dans nos cœurs. Ces victimes nous rappellent qu'Ils peuvent être partout, dans toutes les strates de la population, à tous les âges de l'enfance et de l'adolescence, là où nous sommes les plus fragiles, les plus vulnérables.

Donc, oui, le terme « victime » m'est difficile à employer. C'est pourtant bien celui qui correspond. Mais je ne veux pas qu'il me caractérise. Il fait partie, malgré moi, de ma construction. Il me poursuit toujours. Je le ressens dans mon attitude parfois, celle que je qualifie de « chien battu » : je peux mordre très fort par crainte d'être molesté. Il y a aussi ces craintes démesurées pour mes enfants, auxquels j'apprends, doucement mais sûrement, à faire confiance. Et, sans vouloir me défausser car le choix nous appartient toujours, je suis persuadé qu'une partie de mes démons s'ancre dans ce passé.

Mais, non, il ne me caractérisera pas, ce statut de victime. J'ai eu cette chance d'avoir une échappatoire passionnée et passionnante qui m'a permis de tenir dans la tempête. Le théâtre, le cinéma, la télévision m'ont extirpé de ma condition et certainement sauvé. Si Gérard ne m'avait pas donné ma chance, qui sait ce que le destin m'aurait réservé. Jonathan, Lindsay, Chanel… C'est à vous que je pense en achevant cet ouvrage. À vous et aux enfants qui se taisent et qui encaissent encore aujourd'hui. Les chiffres sont flous, les données, vagues. 6 % des élèves selon certaines statistiques. Un collégien sur deux, assure une autre étude. Le phénomène s'est amplifié avec l'avènement des réseaux sociaux qui a ouvert une nouvelle brèche dans les défenses fragiles des harcelés. Là où l'on avait un semblant de répit le soir et le week-end, Ils ont désormais open bar H24 pour déverser leurs tombereaux de haine, de violences, de moqueries… Ça commence par des petites choses. Dans le meilleur des cas, on encaisse, plus ou moins bien, on se construit avec et on avance, cahin-caha… Dans le pire des cas… Jonathan, Lindsay, Chanel, Marion… Combien de noms encore ? Combien de familles détruites ? Il faut parler des victimes. Il faut punir les harceleurs. Et il ne faut pas lésiner sur la sensibilisation. J'espère que ces quelques pages viendront en aide à l'un ou l'une d'entre nous, qu'un proche qui lira ce que j'ai subi pourra déceler ce que vit son fils, sa fille, son neveu, sa cousine… Qu'Ils perdront un des leurs parce que lui ou elle aura compris que l'on ne blesse pas – verbalement, physiquement ou virtuellement – quelqu'un sans que cela fasse de dégâts.

Jonathan, Lindsay, Chanel, Marion, Lucas… Ce livre, il est aussi pour vous. Pour que plus aucun prénom ne rejoigne cette dramatique liste.

N'oubliez pas, n'oublions jamais

Je voulais terminer ce livre par quelques informations pratiques. Au cas où. En espérant que cela ne soit qu'un simple pense-bête. Et voilà qu'au moment d'écrire ces lignes, l'actualité nous rattrape. À nouveau, une histoire de harcèlement scolaire qui se conclut par un drame. Nicolas, 15 ans, s'est donné la mort. Les alertes n'ont pas suffi, l'administration scolaire ne l'a pas cru. Énième victime. Avec des changements à la clé ? C'est ce que veut assurer le gouvernement qui a tapé du poing sur la table en blâmant le rectorat de n'avoir pas pu saisir la mesure du drame qui se nouait. Qui n'a pas su protéger l'adolescent.

Quelques jours plus tard, j'ai appris qu'un autre adolescent était cueilli par les forces de l'ordre dans son établissement. Lui était classé dans la catégorie harceleur.

Cette fois, pas question de laisser passer, les institutions ont voulu marquer le coup et l'opinion publique avec une démonstration de force. Puis, le ministère a fait savoir que des mesures étaient à l'étude pour empêcher les harceleurs de nuire : saisie du téléphone portable, obligation pour le harceleur de changer d'établissement… La France commence aussi à regarder du côté du Danemark pour voir ce qui pourrait être efficace afin d'endiguer le fléau. On parle de couvre-feu numérique pour les adolescents, comme si le harcèlement avait commencé avec l'apparition des réseaux sociaux. Certes, ils offrent une caisse de résonance, mais on ne peut pas tout mettre sur le dos du Net…

Bref, il n'y a pas de solution miracle. Mais, tous et toutes, nous pouvons agir pour aider les victimes et empêcher le harcèlement.

Des numéros verts existent pour alerter et être aidé.

Le 3020, pour tirer la sonnette d'alarme et être conseillé.

Le 3018 et son application permettant notamment d'enregistrer les preuves numériques, pour les cyberviolences.

Le 116 006, numéro d'aide aux victimes, peut également être utile. Au bout du fil, des spécialistes formés pour accueillir la parole et accompagner les victimes dans les démarches.

Le 119, pour être mis en relation avec le service « Allô enfance en danger ».

Si cela peut être tentant, lorsque l'on est parent, grand frère, grande sœur ou tout simplement ami de la victime de faire justice soi-même, ce n'est jamais la solution. Alerter, soutenir, surveiller, témoigner, oui. Ajouter de la violence à la violence, non.

Des associations sont également très actives dans la lutte contre le harcèlement scolaire. « Marion, la main tendue », « Parle, je t'écoute » « HUGO ! »... Autant de bénévoles, qui ont bien souvent été blessés dans leur chair par le harcèlement, qui se mobilisent sans relâche au quotidien. Qu'ils soient ici remerciés pour leur investissement.

Une victime peut également saisir la police ou de la gendarmerie. Cela peut être en déposant une main courante ou une plainte. Dans ce dernier cas, si elle est mineure, elle doit obligatoirement être représentée par un adulte. Les plaintes peuvent être déposées jusqu'à six ans après les faits.

Pour conclure, il est important de rappeler qu'une personne reconnue coupable de faits de harcèlement scolaire encourt des peines d'un à cinq ans de prison et une amende pouvant aller jusqu'à 7 500 euros, si l'auteur est mineur, et jusqu'à dix ans d'emprisonnement et 150 000 euros d'amende, si l'auteur est majeur. Il n'y a pas d'impunité si les victimes se lèvent.

Harcelé

Avant de vous quitter…
À vous les parents
Ne prenez rien à la légère
Écoutez votre enfant
Avant de le faire taire
Regardez-le grandir
Regardez-le changer
S'il perd son sourire
Alors attention danger
Prenez-le dans vos bras
Et aimez-le très fort
Pour tous les combats
Qu'il devra gagner encore
Et si sur le banc de l'école
Il est souvent tout seul
Rejeté comme une bestiole
Ou jugé sur sa gueule
Dites-lui qu'il est beau
Et que les autres ont tort
Qu'il est beau comme un bateau
Et que les autres sont des porcs
À toi qui vis le harcèlement scolaire
Je voudrais te dire : je t'aime
Que si ton cœur connaît l'hiver
Sache que le mien saigne
Transforme cette haine en paix
Parce qu'un jour tu vas gagner
Ne change surtout pas qui tu es

Mais n'accepte plus de te faire cogner
À toi l'enfant qui m'as fait du mal
Ce soir tu me vois dans ton écran
Tu fais comme si tout était normal
Comme si tu n'avais jamais pissé dans mes vêtements
À vous Messieurs les professeurs
Moi qui étais votre seule ombre au tableau
Vous qui pensiez que j'étais une erreur
Ce soir c'est à vous que je mets zéro

Remerciements

À Gabin, à Lisette, vous comprendrez mieux mon histoire après avoir lu ce livre et pourquoi je vous protège autant du vent…

À Cathy, qui depuis dix-neuf ans (la moitié de ma vie) m'aide à réparer ces blessures d'enfance. Je t'aime pour l'autre moitié qu'il me reste.

À toi, maman, qui as fait comme tu as pu.

À toi, papa, la personne la plus droite et honnête que j'ai connue dans ma vie. Tu me manques.

À vous, les élèves et les professeurs, qui m'avez poussé à devenir qui je suis. Votre haine, je l'ai transformée en amour… Je ne vous oublierai pas.

À toi, Céline, qui, la première, m'as donné la parole… Grâce à toi je n'ai plus envie de me taire.

Et merci à toi, Anthony, d'avoir mis des beaux mots sur mes maux d'enfant… Tu connais toute ma vie désormais.

Merci à la maison d'édition City de m'avoir donné la parole sur un sujet qui malheureusement ne se fait pas oublier.

Merci à Élisabeth Commelin d'être devenue ma « Maman parisienne » et de faire partie de ma vie.

À toi, Gérard, tu as sauvé ma vie, j'aurais pu devenir un boulanger alcoolique. Par chance, je ne suis pas boulanger ! Merci d'être encore. Merci pour hier et pour demain.

À toi, Jonathan, à vous, les victimes de harcèlement, pour que plus jamais notre vie ne soit moins importante que la leur… je vous aime.

Anthony Quindroit souhaite également remercier :

Damien, pour avoir accepté d'aller remuer tout ça, même si c'était parfois difficile… Parce qu'on savait que tout cela pourrait être utile à d'autres.

Frédéric, pour sa confiance renouvelée.

Sa femme, pour son soutien au quotidien, indéfectible.

Retrouvez-nous sur les réseaux sociaux :

City Éditions

www.city-editions.com
@cityeditions
www.facebook.com/cityeditions/
@CityEditions
@cityeditions

Achevé d'imprimer en juillet 2024
sur les presses de la Nouvelle Imprimerie Laballery
58500 Clamecy

Numéro d'impression : 407075

Imprimé en France

La Nouvelle Imprimerie Laballery est titulaire de la marque Imprim'Vert®